Duden

SMS
Schnell-Merk-System

W0288666

Deutsch
Aufsatz

5. bis 10. Klasse

Duden Schulbuchverlag
Berlin · Mannheim · Leipzig · Wien · Zürich

Inhaltsverzeichnis

1 Aufsatz mit Vorgabe

Bildergeschichte

Mit einer Bildergeschichte soll anhand eines Bildes oder einer Bilderfolge eine kurze Geschichte verfasst werden.

mögliches Thema:
Jessicas Geburtstag

1. Schritt: Bild betrachten und Notizen anfertigen

Notiere auf einem Extrablatt für jedes Bild einzeln, was du darauf siehst.

- **Wer** ist auf dem Bild zu sehen?
- **Was** tun die Figuren?
- In **welchem Raum** oder an **welchem Ort** spielt die Geschichte?
- Gibt es besonders **auffällige oder wichtige Gegenstände?**

Achte auch darauf, welche **Veränderungen** sich im Vergleich zu den vorhergehenden Bildern ergeben:

- Sind weitere Figuren aufgetaucht?
- Zeigt das Bild einen neuen Raum?
- Gibt es Veränderungen in Bezug auf wichtige oder auffällige Gegenstände?

2. Schritt: Informationen ergänzen

Auf viele Fragen geben die Bilder keine Antwort. Damit aus der Bilderfolge eine zusammenhängende Geschichte wird, müssen an einzelnen Stellen Informationen ergänzt werden.

Was sagen Jessica, ihre Großeltern und Freundinnen? · Was tun die anderen Gäste? · Was geschieht „zwischen" den Bildern?

3. Schritt: Aufsatz schreiben

Nach dieser Vorarbeit kannst du beginnen, einen lebendigen, spannenden und anschaulichen Text zu schreiben (↑ S. 20 f.).
Der Leser oder die Leserin muss die Geschichte verstehen, auch ohne die Bilder zu sehen.
Achte darüber hinaus darauf,

- dass du das gewählte **Tempus** (Präsens oder Präteritum) **beibehältst** (↑ S. 36 f.),
- dass du den Text **sinnvoll gliederst** (↑ S. 14 f.). Schreibe zu jedem Bild einen Absatz und beginne bei der wörtlichen Rede immer eine neue Zeile.

Außerdem solltest du den Text nach dem Schreiben noch einmal gründlich überarbeiten und Fehler korrigieren (↑ S. 90 ff.).

Lange schon hatte sich Jessica auf ihren Geburtstag gefreut. Zusammen mit ihren Freundinnen Franziska, Sybille und Marie wollte sie eine tolle Party feiern. Vielleicht kamen ja auch noch Oma und Opa …
Jetzt war es also so weit, Franziska, Sybille und Marie waren schon da, der Raum war festlich geschmückt und auf der Geburtstagstorte leuchteten zehn Kerzen …

Erzählkern ausgestalten

Bei dieser Aufgabenstellung geht es darum, aus einer kurzen Information – z. B. einer Schlagzeile oder einer kurzen Meldung aus der Zeitung – eine interessante und fantasievolle Geschichte zu gestalten.
Aufgepasst: Man muss darauf achten, dass man vor lauter tollen Ideen die Aufgabenstellung des Lehrers nicht aus dem Blick verliert.

Zeitungsmeldung:
Schäferhund rettet Dackel aus dem Container
In Dortmund hat ein Schäferhund einen hilflos in einem Papiercontainer feststeckenden Dackel gerettet.

1. Schritt: Ideen sammeln

Ideen sammelt man am besten in Form eines **Handlungsgerüsts.**
Vorgeschichte (1):
- Was haben die Figuren vorher gemacht?
- Wie und warum sind sie in diese Situation geraten?

Handlungskern (2):
- Was geschieht im Einzelnen?
- Wie verhalten sich die Figuren?
- An welchem Ort und unter welchen Bedingungen (abends oder morgens, sonnig oder regnerisch) spielt sich das Ereignis ab?
- Gibt es Zeugen? Wie verhalten sich diese?

Schluss (3):
- Wie könnte die Geschichte enden?

(1) Tierquäler wirft Dackel in Container · Schäferhund hört Winseln des Dackels
(2) Schäferhund zieht seinen Besitzer zum Container · Besitzer hört das Winseln, sieht den Hund, verständigt die Polizei · Polizei rettet den Dackel
(3) Dackel wird vom Besitzer des Schäferhundes aufgenommen · beide Hunde werden Freunde

2. Schritt: Aufsatz schreiben

Wähle eine abwechslungsreiche Sprache und beachte neben dem **Erzähltempus** (↑ S. 36 f.) auch die **Erzählperspektive.**
Wird die Geschichte aus der **Ich-Perspektive** (d. h. aus der Sicht einer beteiligten Figur oder Person) erzählt, wirkt sie meist viel eindringlicher. Die Leserin oder der Leser kann sich leicht in die Figuren hineinversetzen und ihre Gefühle und Gedanken besser verstehen.

Ich-Perspektive aus der Sicht des Hundes:
Nun hatte mein Herrchen es also wahr gemacht, mich einfach weggeworfen. Wie sollte ich hier nur wieder herauskommen?

Bei der **Er-Perspektive** berichtet ein Außenstehender von dem, was er beobachtet hat oder zu wissen glaubt, z. B. auch über die Gedanken, Stimmungen und Gefühle der beteiligten Figuren. Das schafft einen größeren Abstand zwischen Erzähltem und Lesendem.

Er-Perspektive aus Sicht eines Außenstehenden:
Dieter M. wusste keinen anderen Ausweg mehr, töten wollte er seinen Hund nicht, aber in der Wohnung durfte er ihn auch nicht mehr halten ...

Praxistipp: Wechsle häufig zwischen der **inneren Handlung,** d. h. den Gedanken, Gefühlen und Stimmungen der Figuren, und der **äußeren Handlung,** d. h. dem tatsächlichen Geschehen.
Überarbeite deinen Text nach dem Schreiben noch einmal gründlich und korrigiere deine Fehler (↑ S. 90 ff.).

Fortsetzungsgeschichte

Bei einer Fortsetzungsgeschichte ist der Anfang vorgegeben. Aufgabe ist es, die Geschichte mit eigenen Ideen fortzusetzen.
Aufgepasst: Man muss bei aller Fantasie immer darauf achten, dass die Fortsetzung zum Anfang passt.

Ich habe meine Oma sehr lieb, sie hat nur einen Fehler: mich beim „Mensch ärgere dich nicht" zu beschummeln, wo sie nur kann, so auch gestern, als wir auf der Terrasse saßen ...

1. Schritt: Textanfang genau lesen

Folgende Fragen können beim genauen Lesen helfen:

- Was wird mit dem Textanfang über die **Art der Geschichte** vorgegeben? Soll sie eine Traum- oder Fantasiegeschichte oder eher eine wirklichkeitsnahe Erzählung sein (1)?
- Welche **Erzählperspektive** (↑ S. 7) liegt vor (2)?
- Um welches **Thema** geht es (3)?
- Was wird mit dem Textanfang über die handelnden **Personen** und über ihr Verhältnis zueinander ausgesagt (4)?
- Was wird über den Ort, an dem die Handlung stattfindet, und die Zeit des Geschehens ausgesagt (5)?

(1) wirklichkeitsnahe Geschichte
(2) Ich-Perspektive
(3) Familie: Umgang zwischen Großeltern und Enkeln
(4) liebe Oma, die aber beim Spielen schummelt · gutes Verhältnis zwischen Enkel und Oma
(5) am Vortag · auf der Terrasse

2. Schritt: Ausgangssituation entfalten

Nun gilt es, **Einzelheiten** zu **erfinden.**
Zu den beteiligten **Personen** (1):
- zu ihrem Aussehen,
- zu ihrem Charakter und zu typischen Verhaltensweisen,
- zu typischen Sprüchen oder Ausdrucksweisen.

Zum genauen **Handlungsablauf** (2):
- Ort und Zeit der Geschichte,
- Verhalten der Beteiligten,
- Reaktionen der anderen.

Zum **Schluss** der Geschichte (3):
Auflösung der Spannung durch
- Lösung des Rätsels oder der Aufgabe,
- Klärung der Streitfrage,
- Behebung des Problems.

(1) Oma: elegant, nett, lächelnd · „Oh, muss ich dich schon wieder ’rauswerfen!“
Enkel: gutmütig, verträumt · „Gleich bist du aber dran!“
(2) sonntags auf der Terrasse, sonniges Wetter · Enkel lenkt Oma ab, verschiebt seine Figuren · Oma verliert, ist enttäuscht und beschwert sich bei ihrem Enkel
(3) Lösung durch ein Gespräch

3. Schritt: Aufsatz schreiben

Achte darauf, dass dein Text zum Anfang der Geschichte passt in Bezug auf:
- das **Erzähltempus** (1),
- die **Sprache** (2),
- die beteiligten **Figuren** (3).

Nach dem Schreiben solltest du den Text noch einmal überarbeiten und Fehler korrigieren (↑ S. 90 ff.).

(1) Präteritum
(2) kindliche Sprache · keine umgangssprachlichen Ausdrücke
(3) gutes Verhältnis untereinander · liebevoller Umgang der beiden miteinander

2 Freier Aufsatz

Fantasie- oder Traumgeschichte

Fantasie- oder Traumgeschichten müssen sich nicht an der Wirklichkeit orientieren und sollten vor allem anschaulich und spannend sein.
Sie haben eine kurze Einleitung und einen Höhepunkt.
Aufgepasst: Achte darauf, dass du vor lauter tollen Ideen die Aufgabenstellung nicht aus dem Blick verlierst und dass deine Geschichte trotz allem einen „roten Faden“ hat!

mögliche Themen: Mein Flug ins All · Die Traumschule · Mein Onkel – der Zauberer

1. Schritt: Ideen sammeln

Bei diesem Arbeitsschritt können folgende Fragen helfen:

- **Wer** spielt mit (1)?
- Welche besonderen **Merkmale** haben die Hauptfiguren (2)?
- **Wo** und **wann** spielt die Geschichte (3)?
- **Welche verrückten Dinge** könnten passieren (4)?

(1) Menschen · Tiere · Fantasiefiguren
(2) Aussehen · Fähigkeiten · Eigenschaften
(3) im Traum · auf dem Mars · in der Zukunft/Vergangenheit
(4) sprechende Tiere oder Gegenstände · Zauberei · beamen · fliegen

2. Schritt: Ideen ordnen

Bei diesem Arbeitsschritt werden die Ideen auf einem Extrablatt geordnet und einer Gliederung aus Einleitung, Hauptteil und Schluss zugewiesen.

- In der **Einleitung** stellt man die Hauptfiguren vor und beschreibt die Ausgangssituation (1).
- Im **Hauptteil** wird das Hauptthema anschaulich entfaltet. Hierbei gelangt man in einzelnen Handlungsschritten mit kleinen Verzögerungen zum Höhepunkt (2).
- Der **Schluss** enthält die Auflösung der Spannung durch die Lösung des Rätsels oder der Aufgabe, durch die Schlichtung des Streits oder durch die Behebung des Problems (3).

(1) **Wer** kommt vor/handelt? · **Wo/wann** spielt die Geschichte? · **Handlung** – worum geht es?
(2) *mögliche Handlungsschritte:* fremde Umgebung – Einsamkeit – Begegnung mit einem Monster
(3) Aufwachen aus einem Traum

2

3. Schritt: Aufsatz schreiben

Die Gliederung mit den zugeordneten Ideen kann nun Schritt für Schritt umgesetzt werden. Achte dabei auf das richtige **Tempus** – meistens Präteritum – und auf eine abwechslungsreiche und fehlerfreie **Sprache.**

Sprache ↑ S. 20 f.
Tempus ↑ S. 36 f.

Praxistipp: Beschränke dich auf **zwei bis drei Figuren** und **drei Handlungsschritte** und erzähle **viele Einzelheiten** von den Personen, dem Ort des Geschehens und dem Ablauf der Handlung.

Erlebnis- oder Abenteueraufsatz

Bei einem Erlebnis- oder Abenteueraufsatz ist nur ein Rahmenthema oder eine typische Situation vorgegeben. Zu dieser Vorgabe soll selbstständig eine realistische, aber spannende und anschauliche Geschichte geschrieben werden.

mögliche Themen: Im Tierpark · In den Ferien · Beim Sport · In großer Gefahr · Mein Geburtstag

1. Schritt: Ideen sammeln

Folgende Fragen können beim Sammeln von Ideen helfen:

- **Wer** war dabei?
- **Was** genau ist geschehen?
- **Wann** ist das passiert?
- **Wo** hat es sich abgespielt?

↑ Praxistipp S. 11

2. Schritt: Ideen ordnen

Bevor du anfängst zu schreiben, solltest du deine Ideen zuerst einmal ordnen. Was gehört

- in die **Einleitung** (1),
- in den **Hauptteil** (2),
- in den **Schlussteil** (3)

der Geschichte?
(↑ S. 14 f.)

(1) **Wer** kommt vor/handelt · **Wo/wann** spielt die Geschichte? · **Worum** geht es?
(2) spannungssteigernde Handlungsschritte
(3) abrundender, kurz und prägnant formulierter Schluss

Praxistipp: Nimm dir ausreichend Zeit, deinen Text vorzubereiten, also Ideen zu sammeln, sie zu ordnen und **Erzählschwerpunkte auszuwählen.** Sonst kann es leicht passieren, dass du zu Beginn sehr viele gute Einfälle verarbeitest, die dir im Hauptteil und am Ende dann fehlen.

3. Schritt: Aufsatz schreiben

Achte beim Schreiben auf eine möglichst abwechslungsreiche Sprache (↑ S. 20 f.). Darüber hinaus macht die Verwendung von **wörtlicher Rede** einen Text lebendiger und für die Leser interessanter.

Peter war sehr überrascht.
besser: „Oh Mann, das hätte ich ja nie erwartet", rief Peter aus.

Die **Darstellung von Gefühlen, Stimmungen und Gedanken** ermöglicht es den Lesern, sich in die Situation der Hauptfiguren hineinzuversetzen.

Peter war gespannt auf seine Geschenke.
besser: „Was mag wohl in diesen Paketen sein?", ging es Peter durch den Kopf.

Beachte auch Folgendes:

- **Erzähltempus** ist die Vergangenheitsform, das **Präteritum.**

Als ich **aufwachte, war** ich aufgeregt.

- Greift man auf etwas zurück, das zeitlich vor der erzählten Handlung liegt, benutzt man das **Plusquamperfekt.**

In der Nacht zuvor **hatte** ich schlecht **geschlafen.**

- Für zukünftiges Geschehen gebraucht man das **Futur.**

Am Nachmittag **werden** viele Freunde **kommen.**

Grundsätzlich gilt:

Bei allen Formen von erzählenden Texten kannst du dich an folgender Gliederung orientieren:

Einleitung
= kurzer Überblick über die Ausgangssituation:
- Wer handelt?
- Wann und wo spielt die Geschichte?
- Worum geht es?

Hauptteil
= Entfaltung der Handlung:
In mehreren Schritten wird die Spannung langsam gesteigert und zum **Höhepunkt** geführt.

Schlussteil
= Lösung des Problems und Auflösung der Spannung:
An das Ende der Geschichte kann ein witziger, unterhaltsamer Schlusspunkt (Pointe) gesetzt werden.

Kurze Einleitung

Eine Geschichte wird spannender, wenn in der Einleitung noch nicht allzu viel verraten wird. Beschränke dich also auf die **wesentlichen Informationen zur Ausgangssituation.**

Schon morgens, als ich aufwachte, war ich aufgeregt. Ich war schon um 7 Uhr aufgestanden und lief nach unten. Sofort gratulierten mir meine Eltern herzlich, als sie mich sahen. Auch mein kleiner Bruder gratulierte mir herzlich.

besser: Als ich aufwachte, war ich aufgeregt. Ich lief sofort nach unten. Meine Eltern gratulierten mir herzlich, mein kleiner Bruder auch.

Spannung aufbauen

Ordne die einzelnen Ideen so, dass du die Spannung Schritt für Schritt steigerst.

Komische oder merkwürdige Situationen und Handlungen:

Das gibt's doch gar nicht!

So etwas hatte ich vorher noch nie erlebt.

Das kam mir etwas merkwürdig vor.

Spannende oder dramatische Situationen und Handlungen:

Ich dachte: „Jetzt ist es aus!"

Es kam bedrohlich nahe.

Es sah etwas gefährlich aus.

Gestalte den **Höhepunkt** der Geschichte mit sehr **vielen Einzelheiten** aus, um die Spannung möglichst lange aufrechtzuerhalten.

Unterhaltsamer Schluss

Hier geht es – wie bei der Einleitung – nicht darum, möglichst viel und in allen Einzelheiten zu erzählen, sondern das Ende der Handlung kurz und prägnant zu formulieren. Der Schluss kann auch eine Schlussbemerkung beinhalten, die zum Weiterdenken über die Geschichte oder zum Schmunzeln anregt.

Fantasie- oder Traumgeschichte:
Nach dem Unterricht ärgerte ich mich, dass ich mit dem Zauberhandy aus meinem Traum nicht gleich die anderen Aufgaben gelöst hatte. Aber vielleicht träume ich ja noch einmal.

Erlebnis- oder Abenteuergeschichte:
Jetzt hatte ich erst einmal genug von Abenteuern! Nie wieder würde ich so etwas riskieren. Wenn aber meine Freunde in den nächsten Ferien nach Afrika …

3 Nacherzählung

In einer Nacherzählung wird eine vorgegebene Geschichte sprachlich lebendig, anschaulich und abwechslungsreich erzählt.

Es war schon spät, als Miriam vom Schwimmbad nach Hause kam. Als sie die Haustür aufschließen wollte und in die Hosentasche griff, merkte sie, dass ihr Schlüsselbund weg war. Sie griff hastig in die anderen Taschen. Umsonst. Hatte sie den Schlüsselbund verloren? Das Herz schlug ihr bis zum Hals. „Wenn ich ihn nicht wiederfinde, was dann?“, dachte sie.

Sie legte die nassen Schwimmsachen ab und lief noch einmal den ganzen Weg bis zum Schwimmbad. Sie sah in jede Ecke, in jede Spalte. Nichts!

Als sie am Bad angekommen war und zu den Kabinen gehen wollte, hielt sie die Frau an der Kasse an: „He, Mädchen, wenn du ins Bad willst, musst du Eintritt bezahlen!“

„Nein, ich will gar nicht baden, ich will nur nachfragen, ob ein Schlüssel abgegeben worden ist. Ich habe ihn bestimmt hier verloren.“

„Oh, da hast du vielleicht Glück. Ein kleiner Junge hat gerade einen Schlüsselbund abgegeben.“

Die Frau zog eine Schublade auf und holte einen Schlüsselbund heraus. Als Miriam ihn sah, fiel ihr ein Stein vom Herzen! „Zum Glück ist es meiner“, dachte sie, „was hätten meine Eltern wohl gesagt, wenn sie gehört hätten, dass ich die Schlüssel verloren habe?“

1. Schritt: Text genau lesen oder gut zuhören

Notiere auf einem Extrablatt das Wichtigste zu folgenden **inhaltlichen Fragen:**

■ **Wer** handelt?	Miriam · Frau an der Kasse
■ **Wo** und **wann** spielt die Geschichte?	Schwimmbad · auf dem Heimweg
■ Welche **Stimmung** herrscht in der Geschichte?	Sorgen · später Erleichterung
■ **Handlung:** Worum geht es?	verlorener Schlüsselbund · Rückkehr zum Schwimmbad · Schlüssel ist abgegeben worden

Aufgepasst: Beachte vom ersten Arbeitsschritt an, dass Grundidee, Figuren, Handlungsablauf und Ergebnis deiner Nacherzählung mit der originalen Geschichte übereinstimmen müssen.

Beachte auch die **Form** des Textes:

■ In welcher **Zeitform** ist die Geschichte geschrieben?	Präteritum
■ Aus welcher **Perspektive** (↑ S. 7) ist sie geschrieben?	Er-/Sie-Perspektive
■ Zu welcher **Textart** gehört die Geschichte?	Erlebnisgeschichte
■ Was ist auffällig an der **sprachlichen Gestaltung?**	Gebrauch von wörtlicher Rede · Darstellung von Gedanken und Gefühlen

2. Schritt: Erzählkern erfassen

Dies ist beim Nacherzählen besonders wichtig. Dazu muss man **zwischen Wichtigem und Unwichtigem unterscheiden,** z. B.:

- Welche der beteiligten Personen sind wirklich wichtig?
- Welche Handlungsschritte sind unverzichtbar?
- Spielt der Ort eine wichtige Rolle?
- Spielen Alter, Aussehen, Kleidung der Figuren eine besondere Rolle?

wichtig:
Was denkt Miriam, als sie merkt, dass ihre Schlüssel weg sind?
unwichtig:
Wer sitzt an der Kasse?

3. Schritt: Text selbstständig wiedergeben

Der Text soll **mit eigenen Worten** wiedergegeben werden. Nur ganz zentrale Begriffe und Teilsätze dürfen wörtlich übernommen werden. Außerdem muss man die **Sprache** der Vorlage **anpassen.** So sollte etwa eine romantische Passage nicht mit umgangssprachlichen Ausdrücken nacherzählt werden.

Miriam war ratlos. Wo hatte sie den Schlüsselbund verloren, was würde geschehen, wenn sie ihn nicht zurückbekam?

Praxistipp: An der Beispielgeschichte wird deutlich, dass die **äußere Handlung** nicht immer das Wichtigste ist. Viel interessanter ist hier die **innere Handlung,** also das, was in Miriams Gedanken vorgeht, und ihre Stimmung. Das muss auch in der Nacherzählung deutlich erkennbar werden.

Das Wichtigste bei einer Nacherzählung

Inhalt

- In der Nacherzählung muss sich der Inhalt genau an die Vorlage halten. Es dürfen keine neuen Personen hinzugefügt werden.
- Der Handlungsablauf ist mit eigenen Worten wiederzugeben.
- Der Erzählkern (Haupthandlungsstrang) muss deutlich werden.
- Wertungen und Meinungen gehören nicht in eine Nacherzählung.

Zeitform

Die Nacherzählung erfolgt in der Zeitform der Vorlage. Das ist meist das Präteritum.

Sprache und Stil

Die Sprache soll lebendig und abwechslungsreich sein. Beschreibende Adjektive und treffende Verben unterstützen die Anschaulichkeit und den unterhaltenden Charakter (↑ S. 20 f.).
Der Sprachstil ist der Vorlage anzupassen.

Umfang

Den Umfang bestimmst du selbst (wenn dein Lehrer oder deine Lehrerin in der Aufgabenstellung nichts anderes vorgegeben hat). Du kannst bestimmte Stellen ausdehnen, andere wiederum raffen. Der Unterhaltungswert sollte im Vordergrund stehen – vermeide daher langatmige Ausschmückungen!

Überarbeitung

Überarbeite deinen Text nach dem Schreiben noch einmal gründlich und korrigiere deine Fehler (↑ S. 90 ff.).

Grundsätzlich gilt:

Achte bei Fantasie- oder Traumgeschichten, Erlebnis- oder Abenteueraufsätzen, Bildergeschichten, Fortsetzungsgeschichten, bei der Ausgestaltung des Erzählkerns und bei der Nacherzählung auf Folgendes:

- Das **Erzähltempus** ist in der Regel das **Präteritum** (Vergangenheitsform, ↑ S. 36 f.).
- Eine Geschichte wirkt anschaulicher, wenn man **viele Einzelheiten** darstellt.
- Eine Geschichte wirkt durch die Verwendung der **wörtlichen Rede** lebendiger.
- Eine Geschichte wirkt interessanter, wenn man viel über die **Gedanken, Gefühle und Stimmungen der Hauptfiguren** erzählt.
- Besonders wichtig ist eine **abwechslungsreiche sprachliche Gestaltung** des Textes.

Abwechslungsreicher Satzbau

Setze einen abwechslungsreichen Satzbau ein, um Langeweile beim Lesen oder Hören der Geschichte zu vermeiden. Der Leser oder Hörer soll in die Geschichte „hineingezogen" werden. Achte bei Satzreihen (Hauptsatz – Hauptsatz) auf **unterschiedliche Satzanfänge.**

zuerst · zu Beginn · plötzlich · bald darauf · kurze Zeit später · im nächsten Augenblick · danach · nach wenigen Minuten · schließlich · zum Schluss

Verwende **Satzgefüge** (Hauptsatz, Nebensatz) **statt Satzreihen,** wenn es möglich ist.

Ich spielte Fußball, da begann es zu regnen.
besser: Während ich Fußball spielte, begann es zu regnen.

Ich hatte keine Lust, darum blieb ich zu Hause.
besser: Ich blieb zu Hause, weil ich keine Lust hatte.

Wiederholungen vermeiden

Erarbeite **Wortfelder,** um Wiederholungen zu vermeiden.

sagen:	rufen · brüllen · erwidern · antworten · äußern
gehen:	laufen · rennen · hasten · eilen · schleichen
Angst:	Furcht · Entsetzen · Schrecken · Mutlosigkeit
Freude:	Begeisterung · Glück · Heiterkeit · Entzücken
heiß:	glühend · brennend · siedend · sonnig · warm
aufgeregt:	angespannt · nervös · verunsichert · ratlos

Anschauliche Schilderung

Benutze **treffende Adjektive** und **Verbformen** sowie passende **Sprachbilder** und **Vergleiche,** damit deine Geschichte unterhaltsam wird.

Schilderung von Personen/Figuren:
charmant · aufgeregt · freundlich · hektisch · merkwürdig · lächelnd · entsetzlich · furchterregend · stark wie ein Löwe

Beispiel: Fantasiegestalt
Ein graues Wesen kam auf mich zu. Es hatte einen großen dreieckigen Hut auf und sah ängstlich aus.
besser: Das graue Wesen, das auf mich zukam, machte einen merkwürdigen Eindruck. Auf dem Kopf trug diese Kreatur, die mich an einen Esel erinnerte, ein riesengroßes dreieckiges Etwas, und obwohl das Tier ganz freundlich aus seinen großen tiefblauen Augen schaute, wirkte es irgendwie ängstlich.

Schilderung des Schauplatzes:
bitterkalt · stockdunkel · verwinkelt · atemberaubend · behaglich · beeindruckend · wie an einem grauen Novembertag

Lebendige Darstellung der Handlung:
plötzlich · aus heiterem Himmel · überraschend · endlich · gefährlich · aufschreien · brodeln · knarren · verzweifeln · grausam · beängstigend · mutterseelenallein · wie der Blitz

4 Beschreibungen

Die Beschreibung ist eine **informierende, sachbetonte** und **wirklichkeitsnahe Darstellungsform.** Sie dient dazu, dass der Leser eine genaue Vorstellung von einem beschriebenen Gegenstand, einem Vorgang, einer Person, einem Tier oder einer Abbildung gewinnt.

Täterbeschreibung bei der Polizei · Gebrauchsanweisung · Tier- oder Pflanzenbeschreibung in einem Lexikon · Wegbeschreibung

Gegenstandsbeschreibung

Die Gegenstandsbeschreibung stellt die **Merkmale und Eigenschaften** eines Gegenstands (auch Zustands) sachlich dar. Raum- und Landschaftsbeschreibungen gehören ebenfalls zu dieser Textform.

Fotoapparat · Baum · Puppe · Möbelstück · Küche · Garten

1. Schritt: Gegenstand betrachten und benennen

Betrachte den zu beschreibenden Gegenstand ganz genau und notiere seine besonderen Merkmale und seine Funktion stichwortartig auf einem Extrablatt.

Beispiel:
Handy

2. Schritt: Informationen in die richtige Reihenfolge bringen

Bringe die Informationen über den Gegenstand in eine sinnvolle Reihenfolge:

- Darstellung der **auffälligsten Merkmale** (1).
- Weitere **wichtige Eigenschaften** werden in einem zweiten Abschnitt aufgeführt (2).

(1) Farbdisplay · Tastenfeld
(2) austauschbare Ober- und Unterschale · Vorrichtung zum Aufladen

4

3. Schritt: Beschreibung verfassen

Die Gegenstandsbeschreibung steht immer im **Präsens.** Sie beginnt mit einem **Einleitungssatz** (1), in dem der Gegenstand genau benannt wird. Verfasse die Gegenstandsbeschreibung in einer **klaren, informativen und sachlichen Sprache.** Dazu gehören:

- eindeutige Angaben zu Größe (2), Form (3) und Farbgebung (4) des Gegenstands,
- einfacher Satzbau,
- keine persönlichen Deutungen und Wertungen.

(1) Der Gegenstand dieser Beschreibung ist ein Handy.
(2) Länge · Breite · Höhe
(3) ovale Grundfläche · runde Tasten
(4) Grundfarbe blau · Tasten schwarz

Die Gegenstandsbeschreibung wird mit einem kurzen **Schlusssatz,** z. B. zur Funktion des Gegenstands, abgeschlossen.

Das Handy dient in erster Linie zum Telefonieren und Verschicken von Kurznachrichten.

Gebrauchsanweisung

Die Gebrauchsanweisung ist eine besondere Form der Gegenstandsbeschreibung (↑ S. 22 f.).
Bei dieser Textform steht die **Funktion** des beschriebenen Gegenstands im Vordergrund. Das Ziel einer Gebrauchsanweisung ist es, jemanden in die Funktion oder in den Gebrauch eines Gegenstands oder Geräts einzuführen.

Beispiel:
Kaffeemaschine

1. Schritt: Gegenstand und seine Funktion benennen

Man gibt zuerst kurz an, um welchen Gegenstand es sich handelt und wozu er gebraucht wird.

Es handelt sich um eine Maschine zur Zubereitung von Kaffee.

2. Schritt: Einzelteile benennen

Im Anschluss daran betrachtet man den Gegenstand im Detail und bezeichnet die Einzelteile der Maschine genau.
Außerdem ist es wichtig, die jeweilige Lage der Einzelteile anzugeben:

- rechts – links,
- unten – oben,
- vorne – hinten.

Kaffeekanne · Wassertank · Heizplatte · Filtervorrichtung · Kaffeefilter · Ein-Aus-Schalter · Netzstecker

3. Schritt: Handlungsanweisungen geben

Anschließend führt man die einzelnen Schritte zur Bedienung des Geräts in der **richtigen zeitlichen Reihenfolge** auf.

Wasser einfüllen · in den Kaffeefilter Filterpapier einlegen und mit gemahlenem Kaffee füllen · Kaffeekanne unterstellen · Maschine einschalten

Dabei kann man unterschiedliche **sprachliche Formen** wählen:

- man-Form (1),
- direkte Aufforderung (2),
- neutrale Formulierung im Infinitiv (3).

(1) Man füllt Wasser ein.
(2) Füllen Sie Wasser ein.
(3) Zunächst ist Wasser einzufüllen.

Praxistipp: Versetze dich in die Lage des Lesers. Die Gebrauchsanweisung ist dann gut, wenn er die wesentlichen Arbeitsschritte auf Anhieb und ohne weitere Hilfestellung durchführen kann.

4. Schritt: Zusätzliche Hinweise geben

Bei der Gebrauchsanweisung für ein technisches Gerät müssen außerdem weitere wichtige Informationen gegeben werden. Diese sind:

- **Sicherheitshinweise** (1),
- **Hinweise zur Pflege** (2).

(1) Vor Öffnen des Geräts Netzstecker ziehen!
(2) Nur mit lauwarmem Wasser und weichem Lappen abwischen!

Bildbeschreibung

Die Bildbeschreibung gibt sprachlich wieder, was auf einem Gemälde, einer Grafik oder einer Fotografie zu sehen ist.

1. Schritt: Einzelheiten notieren

Betrachte das Bild genau und notiere auf einem Extrablatt die wesentlichen Einzelheiten.
Leitfragen sind:

- **Was** ist abgebildet (1)?
- Was ist im **Vordergrund** (V), im **Mittelgrund** (M) und im **Hintergrund** (H) zu sehen (2)?
- Was fällt an der **Größe der** abgebildeten **Elemente** auf (3)?
- Was fällt an der **Form** und an der **Farbgestaltung** der einzelnen Elemente auf (4)?

(1) Auf der Abbildung sieht man drei Gegenstände
(2) V: Brille · M: Zeitung · H: Kaffeetasse
(3) Brille ist verhältnismäßig groß dargestellt
(4) Farbtupfer durch Lichteinfall an den Brillengläsern

Praxistipp: Achte bei einer Bildbeschreibung auf eine sinnvolle Reihenfolge der Informationen (↑ S. 31) und **vermeide Blicksprünge, Aufzählungen und Wiederholungen.** Beschreibe das Bild so genau wie möglich, das gilt z. B. auch für Farben: zartes Rosa, mattes Blau, sattes Grün usw.

Künstlerisches Bild:
Bei der Beschreibung von Gemälden, künstlerischen Grafiken oder Fotografien sollte man einige zusätzliche Fragen beantworten:
- **Worum** geht es in dem Bild (1)?
- Welche **Stimmung** wird ausgedrückt (2)?
- Welche **künstlerischen Gestaltungsmittel** sind zu erkennen (3)?
- Welche **Aussageabsicht** hat der Künstler?
- Welcher **biografische** oder **kunstgeschichtliche Hintergrund** ist zu berücksichtigen?

(1) Porträt · Landschaftsbild
(2) Freude · Trauer · Ruhe · Hektik
(3) Kontraste · Spiegelungen · Maltechnik · Bildkomposition: Achsen, Größenverhältnisse, genaues Zeichnen oder verwischte Farben und Linien

2. Schritt: Bildbeschreibung verfassen

Die Bildbeschreibung steht im **Präsens.** Bei der Beschreibung eines künstlerischen Bildes stehen im **Einleitungssatz** die grundlegenden Informationen zum Werk:
- Name des Künstlers,
- Titel des Bildes,
- Entstehungszeit und
- Maltechnik.

Einleitungssatz:
Bei dem Bild, das beschrieben werden soll, handelt es sich um die „Mona Lisa“, ein Ölgemälde, das Leonardo da Vinci zwischen 1503 und 1505 malte.

Im **Hauptteil** formuliert man die notierten Beobachtungen aus.
In einem **Schlusssatz** wird der Gesamteindruck zusammengefasst.

Personenbeschreibung

Die Personenbeschreibung dient dem Erkennen oder Wiedererkennen eines Menschen. Sie gibt die sichtbaren Merkmale einer Person sachlich und anschaulich wieder. Ziel ist es, mit Worten ein wahrheitsgetreues „Bild“ zu vermitteln.

1. Schritt: Erste Informationen zur Person

Zunächst fasst man folgende Angaben zur Person, die beschrieben werden soll, zusammen:

- Geschlecht,
- Alter,
- Größe,
- allgemeine Erscheinung.

Beispiel:
Männlich,
etwa 60 Jahre alt,
etwa 1,75 m groß,
sehr gepflegt

2. Schritt: Charakteristische Merkmale einer Person

Kopfform und Gesicht:
Die Darstellung der besonderen Merkmale einer Person beginnt in der Regel mit der Beschreibung des Kopfs. Genauer in den Blick genommen werden:

- die Kopfform (1),
- das Gesicht (2),
- die Haarfarbe und Frisur (3).

(1) länglich
(2) hohe Stirn · kleine, scharf blickende Augen · markante Nase · schmale Lippen
(3) graues, streng zurückgekämmtes Haar

Körperbau und Haltung:
Zur Beschreibung der besonderen Merkmale gehört auch:
- Wie ist der Körperbau (Schultern, Oberkörper, Arme, Hände, Beine, Füße) (1)?
- Ist ein Körperteil besonders auffällig (2)?
- Wie ist die Haltung (3)?

(1) schmal · lang · kurz · schlank · gedrungen · hoch aufgeschossen
(2) große Hände
(3) gerade · aufrecht · gekrümmt

Kleidung:
Trägt die Person
- legere, sportliche Kleidung (1),
- Arbeitskleidung oder Uniform (2),
- elegante Garderobe (3)?
- Welche Farben oder Farbmuster haben die Kleidungsstücke? Gibt es weitere Auffälligkeiten wie z. B. das Material der Kleidungsstücke?

(1) T-Shirt · Jeans · Turnschuhe
(2) Arbeitshose · Overall · Businesskleidung · Krawatte
(3) Smoking · Abendgarderobe

3. Schritt: Personenbeschreibung verfassen

Achte auf eine **sachliche und eindeutige Sprache** (↑ S. 31). Wähle **genaue, treffende Adjektive** und beschreibe nicht jedes einzelne Detail, sondern beschränke dich auf **charakteristische Merkmale.** Wichtig ist, dass aus der Fülle der Einzelinformationen ein Bild entsteht. Formuliere deshalb am Ende der Beschreibung deinen **persönlichen Gesamteindruck.**

Der Mann sieht irgendwie lustig aus.
besser: Der Mann trägt Kleidung, die ihm etwas zu groß ist, das wirkt merkwürdig. Mich erinnern seine Mimik und seine Kleidung an die eines Clowns.

Vorgangsbeschreibung

Vorgangsbeschreibungen beziehen sich auf wiederholbare Vorgänge, die stets in gleicher Weise ablaufen können. Sie informieren den Leser über die wesentlichen Merkmale des gesamten Vorgangs und seiner einzelnen Teilvorgänge (Tätigkeiten, Bewegungen, Veränderungen).

Bastelanleitung · Kochrezept · Bedienungsanleitung · Spielbeschreibung

1. Schritt: Voraussetzungen nennen

Am Anfang der Vorgangsbeschreibung stehen Informationen darüber, welche Voraussetzungen gegeben sein müssen oder welche Vorbereitungen getroffen werden müssen, damit der Vorgang ablaufen kann.

Beispiel Kuchen backen:
Rührschüssel · Schneebesen oder Rührgerät · Zutaten bereitstellen

2. Schritt: Vorgang beschreiben

Bei der Beschreibung des Vorgangs muss die **Reihenfolge der** einzelnen **Teilvorgänge** beachtet werden.

- Was wird **zuerst** gemacht (1)?
- Was geschieht **danach** (2–4)?
- Was läuft **gleichzeitig** ab (5)?

Beende die Vorgangsbeschreibung mit einer kurzen **Information über** den **Erfolg oder** das **Ergebnis** des Vorgangs.

(1) Zutaten in Rührschüssel geben
(2) Teig verrühren
(3) Teig in Backform geben
(4) Backform in den Ofen schieben
(5) während des Backens Schokoladenglasur vorbereiten

Beschreibungen – sinnvolle Reihenfolge und sachliche Sprache

Achte bei allen Arten von Beschreibungen auf eine sinnvolle Abfolge der Informationen und auf eine sachliche Sprache.

Sinnvolle Reihenfolge

Die Reihenfolge hängt davon ab, wer oder was beschrieben werden soll. Sinnvoll ist

- bei Vorgangsbeschreibungen:
chronologische Reihenfolge;
- bei Personenbeschreibungen:
vom Ungewöhnlichen zum „Normalen";
- bei Gegenstandsbeschreibungen:
vom ersten Eindruck zu Details;
- bei Beschreibungen von Bildern oder Fotografien:
von oben nach unten; von rechts nach links; vom Vordergrund zum Hintergrund (Blicksprünge vermeiden!).

Sachliche Sprache

Eine Beschreibung ist ein sachlich informierender Text. Verwende deshalb:

- eindeutige Begriffe, gegebenenfalls auch Fachausdrücke,
- einen klaren und einfachen Satzbau,
- beschreibende Adjektive.

Vermeide:

- Aufzählungen und Wortwiederholungen,
- Deutungen und persönliche Meinungen.

Das Haus sieht irgendwie komisch aus. Vor allem die Haustür ist irgendwie komisch.
besser: Das Haus fällt sofort durch seinen ungewöhnlichen lilafarbenen Fassadenanstrich auf. Noch auffälliger aber ist seine oval geformte und grasgrün gestrichene Eingangstür.

5 Inhaltsangabe

Die Inhaltsangabe fasst in **knapper Berichtsform** (↑ S. 66 f.) und **ohne persönliche Wertung** die wichtigsten Stationen einer Handlung und die Hauptaspekte eines vorgegebenen Textes zusammen.

Wiedergabe von: erzählenden Texten · Sachtexten · Gedichten · Theaterstücken

Die Sachsenhäuser Brücke

Ein Baumeister hatte versprochen, den Bau einer Brücke bis zu einer bestimmten Zeit zu vollenden. Als diese herannahte, sah er, dass es unmöglich war. Er rief in der Angst den Teufel an und bat um seinen Beistand. Der Teufel erschien und bot an, die Brücke in der letzten Nacht fertig zu bauen, wenn ihm der Baumeister dafür das erste lebendige Wesen, das darüber ging, überliefern wollte. Der Vertrag wurde geschlossen, und der Teufel baute in der letzten Nacht die Brücke fertig. Als nun der erste Morgen anbrach, kam der Baumeister und trieb einen Hahn über die Brücke vor sich her und überlieferte ihn dem Teufel. Dieser aber hatte eine menschliche Seele gewollt, und wie er sich so betrogen sah, packte er zornig den Hahn, zerriss ihn und warf ihn durch die Brücke, wovon zwei Löcher entstanden sind, die bis auf den heutigen Tag nicht können zugemauert werden, weil alles in der Nacht wieder zusammenfällt, was tags daran gearbeitet ist. Ein goldner Hahn auf einer Eisenstange steht aber noch jetzt zum Wahrzeichen auf der Brücke.

nach: Gebrüder Grimm, Die Sachsenhäuser Brücke

1. Schritt: Informationen zusammenfassen

Fasse zunächst die wichtigsten Informationen zum **Inhalt** des Textes zusammen:
- **Wer** handelt?
- **Wo** und **wann** geschieht etwas?
- **Was** geschieht?

Trage die wichtigsten Informationen zur **Form** des Textes zusammen:
- Welcher **Textsorte** ist die Vorlage zuzuordnen (1)?
- Wie lautet der genaue **Titel** des Textes (2)?
- Wer ist oder wer sind die **Verfasser** des Textes (3)?
- Was ist das **Thema** des Textes und was ist die **Aussageabsicht** der Verfasser (4)?

(1) erzählender Text (genauer: Sage)
(2) Die Sachsenhäuser Brücke
(3) Brüder Grimm
(4) Erklärung, warum der Mittelteil der Brücke nur aus Holz besteht

5

2. Schritt: Textvorlage gliedern

Im nächsten Schritt geht es darum, die Textvorlage sinnvoll zu gliedern:
- Teile dazu die Textvorlage in **Sinnabschnitte** ein.
- Notiere auf einem Extrablatt Stichwörter zu den einzelnen Abschnitten.

Versprechen des Baumeisters · Schwierigkeiten des Baumeisters, das Versprechen einzuhalten · Vertrag mit dem Teufel · Fertigstellung der Brücke durch den Teufel …

3. Schritt: Inhaltsangabe schreiben

Formuliere die notierten Stichwörter anhand der Gliederung zu einem zusammenhängenden Text aus. Die Inhaltsangabe steht im **Präsens.**
Der **Einleitungssatz** enthält die gesammelten Informationen zu:

- Textsorte,
- Titel,
- Verfasser,
- Thema und
- Aussageabsicht der Verfasser.

Die von den Brüdern Grimm aufgeschriebene Sage „Die Sachsenhäuser Brücke" liefert eine Erklärung dafür, dass das Mittelstück der Brücke nur aus Holz ist.

Praxistipp: Der **Einleitungssatz** soll einen Überblick über den gesamten Text geben. Formuliere ihn deshalb am besten erst am Ende der gründlichen Textarbeit.

Bei der Wiedergabe des Textinhalts sind nur die **wesentlichen Fakten** zu nennen. Ziel ist es, einen Gesamtüberblick ohne persönliche Wertung zu schreiben. Der Leser soll ohne Kenntnis des Originals über die wichtigsten Informationen der Vorlage unterrichtet werden. Auf eine detaillierte Darstellung des Handlungsablaufs kann man in der Regel verzichten. Prüfe deshalb, ob alle von dir dargestellten Fakten zum Verständnis des Textes unbedingt notwendig sind.

wesentlich:
dass der Vertrag geschlossen wurde · dass die Brücke vom Teufel gebaut worden ist
unwesentlich:
wie der Handlungsablauf im Einzelnen ist

Das Wichtigste bei einer Inhaltsangabe

Inhalt

- Die Inhaltsangabe muss sich genau an die Vorlage halten.
- Die grundlegenden Informationen zum Inhalt des Textes werden mit eigenen Worten wiedergegeben.
- Wertungen und Meinungen gehören nicht in eine Inhaltsangabe.

Zeitform

Die Inhaltsangabe steht immer im Präsens.

Sprache und Stil

- Die Sprache ist sachlich, knapp und informierend. Auf Ausschmückungen wird verzichtet, daher werden wenig beschreibende Adjektive oder „spannende“ Verben verwendet. Auch für erzählende Texte typische Floskeln wie *es war einmal* oder *die Moral von der Geschicht’* dürfen nicht verwendet werden.
- Der zeitliche und sachliche Abstand zum Text muss deutlich werden. Wörter wie *jetzt, nun* oder *plötzlich* gehören nicht in eine Inhaltsangabe.
- Direkte wörtliche Übernahmen aus der Vorlage (Zitate) dürfen nicht verwendet werden.
- Wichtige Äußerungen werden in der indirekten Rede (↑ S. 71) wiedergegeben.

Umfang

Wie detailliert die Inhaltsangabe sein soll, geht meist aus der Aufgabenstellung hervor. Generell gilt: Das Wichtigste der Geschichte ist so knapp wie möglich wiederzugeben.

Überarbeitung

Überarbeite deinen Text nach dem Schreiben noch einmal gründlich und korrigiere deine Fehler (↑ S. 90 ff.).

Die Zeitformen im Aufsatz – Regeln und Ausnahmen

Grundsätzlich gilt:

In der **Inhaltsangabe** steht das **Präsens** (Gegenwartsform), greift man auf etwas zurück, das zeitlich vor der geschilderten Handlung liegt, benutzt man das **Perfekt.**

Die Geschichte **handelt** von einem Räuber, der über sein Diebesgut, eine alte, aber leider leere Schatztruhe, die er mit großer Anstrengung **erbeutet hat,** nicht so recht glücklich **ist.**

Auch in **Beschreibungen** benutzt man das **Präsens** und bei Vorzeitigkeit das **Perfekt.**

Die abgebildete Dame **ist** eine sympathische Erscheinung. Sie **ist** elegant **gekleidet** und ihre schick gestaltete Frisur sowie ihr apartes Make-up **unterstreichen** den rundum positiven Eindruck.

In der **Bildergeschichte,** der **Fantasie- oder Traumgeschichte** sowie dem **Erlebnis- oder Abenteueraufsatz** steht in der Regel das **Präteritum** (Vergangenheitsform). Greift man auf etwas zurück, das zeitlich vor der geschilderten Handlung liegt, benutzt man das **Plusquamperfekt.**

Der Fußweg durch diesen Wald **war** für mich eine echte Herausforderung. Zwar **hatte** ich vorher schon andere, viel unheimlicher erscheinende Wegstrecken **zurückgelegt,** aber das war tagsüber gewesen, jetzt **begann** es zu dunkeln und auch der Regen, der vor wenigen Minuten **eingesetzt hatte,** **wurde** immer stärker.

Bei **Fortsetzungsgeschichten** und **Nacherzählungen** sowie bei der **Ausgestaltung eines Erzählkerns** benutzt man in aller Regel die **Tempusformen der Vorlage** (Präsens/Perfekt oder Präteritum/Plusquamperfekt).

Ausnahme: Präsens als Erzähltempus

Auch in erzählenden Texten kannst du die Tempusformen des **Präsens** (Gegenwartsform) und (bei Vorzeitigkeit) des **Perfekts** benutzen. Geschichten, die im Präsens erzählt werden, wirken oft interessanter, weil die Leser oder Zuhörer den Eindruck bekommen, das Geschehen aus ganz geringer Distanz zu verfolgen, so, als ob sie direkt dabei wären.

Als ich mich gerade **hingelegt habe, beginnt** mein Bett auch schon langsam zu schwanken. Plötzlich **höre** ich Geräusche, es **klingt,** als schlügen Wellen an meine Zimmerwand. Eine mir fremde Stimme **ruft:** „Mann über Bord!"

5

Tempuswechsel zur Spannungssteigerung

Um den Höhepunkt deiner – im **Präteritum** erzählten – Geschichte noch interessanter zu gestalten, kannst du an der spannendsten Stelle auch das Tempus wechseln. Wähle dabei den Abschnitt, in dem du das **Präsens** gebrauchen willst, gut aus und springe nicht einfach hin und her.

Als ich den Dachboden erreicht hatte, **sah** ich die geheimnisvolle Truhe nicht gleich. Das Licht meiner Taschenlampe **war** nur schwach, und es **dauerte** einige Zeit, bis ich mich an die Dunkelheit gewöhnt hatte. Doch kurze Zeit später hatte ich sie erspäht. Sie **stand** in einer kleinen Nische, auf ihr **lag** eine zentimeterdicke Staubschicht. Endlich! In ihr, so **hoffte** ich, würde ich das finden, was ich schon so lange gesucht hatte. Ich **beginne** also den Schmutz zu entfernen. Der Schlüssel **passt** nur mit Mühe in das Schloss hinein. Mit großer Anstrengung **gelingt** es mir, den Schlüssel herumzudrehen. Ich **öffne** den Deckel und …

6 Interpretation literarischer Texte

Sie beinhaltet die **Analyse** von inhaltlichen und formalen Besonderheiten eines literarischen Textes und das **Deuten und Werten** (Interpretation) dieser Merkmale.
Die Analyse und Interpretation kann sich auf Gedichte (Lyrik), Theaterstücke (Dramatik) und erzählende Texte (Epik) beziehen.

mögliche Aufgabenstellung:
Analysiere den Text/Textauszug. Achte dabei besonders auf:
die sprachliche Gestaltung · das Verhältnis der Figuren zueinander · den Aufbau · die Erzähltechnik

Gedichtinterpretation

Gedichte drücken meist Gedanken, Gefühle, Stimmungen und Erlebnisse aus. Dafür wählen die Autoren oft die Ich-Form sowie ausdrucksvolle **sprachliche Bilder.**
Bei lyrischen Texten ist besonders die **sprachliche Form** zu analysieren und mit dem Inhalt des Gedichts in Beziehung zu setzen.
Kernfrage: Inwiefern unterstützt die sprachliche Gestaltung die inhaltliche Aussage des Textes?

Analyse des Inhalts:
Thema · Stimmung · Situation des lyrischen Ichs (↑ S. 39)

Analyse der Form:
Versmaß · Rhythmus · Reimschema · Sprachbilder

Theodor Storm: Die Stadt (1852)

Am grauen Strand, am grauen Meer
Und seitab liegt die Stadt;
Der Nebel drückt die Dächer schwer,
Und durch die Stille braust das Meer
Eintönig um die Stadt.

Es rauscht kein Wald, es schlägt im Mai
Kein Vogel ohn Unterlass;
Die Wandergans mit hartem Schrei
Nur fliegt in Herbstesnacht vorbei,
Am Strande weht das Gras.

Doch hängt mein ganzes Herz an dir,
Du graue Stadt am Meer;
Der Jugend Zauber für und für
Ruht lächelnd doch auf dir, auf dir,
Du graue Stadt am Meer.

1. Schritt: Inhaltsangabe

Im **Einleitungssatz** werden

- die **Textsorte** (1),
- der **Titel** des Textes (2),
- der **Autor** (3) und
- das **Thema** (4)

genannt.

Nach dem Einleitungssatz wird der **Inhalt** kurz zusammengefasst.

Aufgepasst: Achte bei Texten in der Ich-Form darauf, dass der Sprecher des Gedichts nicht mit dem Dichter gleichgesetzt werden darf, vielmehr wird er als **lyrisches Ich** bezeichnet.

(1) Gedicht
(2) „Die Stadt“
(3) Theodor Storm
(4) die Liebe zur Heimatstadt

Das lyrische Ich schildert seine Heimatstadt, die es trotz ihrer Öde und Eintönigkeit sehr liebt.

2. Schritt: Textanalyse

Die meisten Gedichte sind in **Verse** (Zeilen) **und Strophen** gegliedert:
- Wenn am Ende des Verses auch der Satz endet, spricht man vom **Zeilenstil.**
- Geht der Satz über das Versende hinaus, spricht man vom **Zeilensprung/Enjambement.**
- Sind längere Abschnitte durch Zeilensprünge gekennzeichnet, spricht man vom **Hakenstil.**

Textvorlage: 15 Verse, drei Strophen
↑ Zeile 3/4
↑ Zeile 6/7
↑ Zeile 6–9

Viele Gedichte sind durch Endreime gekennzeichnet. Man unterscheidet folgende **Reimschemata:**
- Paarreim (aabbcc),
- Kreuzreim (abab),
- umarmender Reim (abba),
- Schweifreim (aabccb).

Mischung aus Kreuzreim und Paarreim

Unter **Metrum** versteht man den regelmäßigen Wechsel zwischen Hebungen (betonten Silben) und Senkungen (unbetonten Silben). Die häufigsten Versmaße sind:
- **Jambus** (unbetont – betont),
- **Trochäus** (betont – unbetont),
- **Anapäst** (unbetont – unbetont – betont),
- **Daktylus** (betont – unbetont – unbetont).

vorwiegend Jambus
Am gráuen Stránd, am gráuen Méer …

Gedícht
Díchter
Anapä́st
Dáktylus

Im Mittelpunkt einer Gedichtinterpretation steht die **Deutung der** unterschiedlichen **Sprachbilder.** Durch die bildhaften Ausdrücke wird ein Text anschaulicher, aber auch vielschichtiger und deshalb manchmal schwieriger zu verstehen.
Sprachliche Bilder sind:

- **Vergleich,**

stark **wie** ein Löwe

- **Metapher:** bildhafter, im übertragenen Sinne gebrauchter Ausdruck,

Textvorlage:
doch **hängt** mein ganzes Herz an dir

- **Personifikation:** eine Sonderform der Metapher. Abstrakte Begriffe, Gegenstände oder Naturerscheinungen besitzen menschliche Eigenschaften oder handeln und reden wie Menschen.

der Nebel **drückt** · Der Jugend Zauber […] ruht lächelnd […] auf dir

Die Stimmung eines Gedichts wird häufig durch **Wiederholungen** bestimmter Wörter oder Phrasen bestimmt.

grau · auf dir · du graue Stadt am Meer

Werden Wörter oder Wortgruppen am Anfang zweier oder mehrerer aufeinanderfolgender Sätze oder Verse wiederholt, spricht man von einer **Anapher.**

Beispiel:
Friedrich Schiller, Die Bürgschaft (29/30):
Und schweigend umarmt ihn der treue Freund /
Und liefert sich aus dem Tyrannen

2. Schritt: Textanalyse

Durch eine besondere **lautliche Gestaltung,** z. B. die Verwendung

- „heller“ Vokale (e, i, ei, eu),
- „dunkler“ Vokale (a, o, u, au),
- „weicher“ Konsonanten (d, g, l),
- „harter“ Konsonanten (t, k, r),

erhält das Gedicht eine **Klangfarbe,** die heiter und fröhlich oder dunkel und traurig wirken kann.

Textvorlage:
h**ä**ngt m**ei**n ... H**e**rz
gr**au**er Str**a**nd
lächeln**d** **d**och
ha**rt**e**r** Sch**r**ei

Ein weiteres lautliches Gestaltungsmittel ist die **Alliteration** (Stabreim). Mit diesem Begriff bezeichnet man aufeinanderfolgende Wörter mit gleichem Anfangsbuchstaben.

drückt **d**ie **D**ächer

3. Schritt: Deutung des Textes

Bei der Formanalyse geht es immer darum herauszuarbeiten, inwiefern Form und Inhalt übereinstimmen und inwiefern die formalen Gestaltungselemente die inhaltliche Aussage des Textes unterstreichen.

Inhalt:
Eintönigkeit der „grauen Stadt“ (1., 2. Strophe)

sprachliche Form:
Eintönigkeit durch Zeilenstil, Wortwiederholungen (1. Strophe)

Praxistipp: Sammle zusätzliche **Informationen über** den **Dichter** und über die **Entstehungszeit** des Textes. Das kann dabei helfen, den Text besser zu verstehen.

Das Wichtigste bei der Gedichtinterpretation

Gründliche Lektüre

Lies das Gedicht mehrmals laut vor. So vermitteln sich Klangfarbe, Reim und auffällige Sprachmittel am besten. Wichtige Stellen im Gedicht gleich unterstreichen, Stichwörter notieren und den Text am Rand markieren:

- ! für besonders wichtige Stellen,
- ? für Unklarheiten,
- –> für Beziehungen zwischen den einzelnen Versen (Wiederholungen, Parallelen, Gegensätze)

Stichwortartige Analyse des Textes

- zentrale Thematik
- formale Merkmale des Gedichts
- Beziehung zwischen Form und Inhalt. Leitfrage: Ist es dem Autor gelungen, den Inhalt auch durch die Wahl der formalen Mittel zu verdeutlichen?

Aufbau

- kurze Inhaltsangabe
- Ausformulierung der Analyseergebnisse:
  - – Einzelbeobachtungen unter Oberbegriffen zusammenfassen
  - – Beobachtungen zu Form und Inhalt miteinander verbinden
  - – Argumente mit Textverweisen/Zitaten belegen (↑ S. 72 f.)
- Deutung/Interpretation/Wertung des Textes:
  - – Was ist die Aussageabsicht des Verfassers, und ist es ihm gelungen, diese zu vermitteln?
  - – Wie sind Sprache und Stil des Textes zu bewerten?

Überarbeitung

Überarbeite deinen Text nach dem Schreiben noch einmal gründlich und korrigiere eventuelle Fehler (↑ S. 90 ff.).

Interpretation dramatischer Texte

Das **Drama** ist eine Bühnendichtung, ein Theaterstück. Es gestaltet eine Handlung in **szenischer Form.**
Der wesentliche Bestandteil eines Dramas ist der **Dialog,** in dem die handelnden Personen charakterisiert werden und ihre Konflikte austragen. Der **Monolog,** das Selbstgespräch, gibt Auskunft über die Stimmung, Gedanken und Pläne einer Figur.

mögliche Aufgabenstellungen:
Analysiere/Interpretiere einen Akt, eine Szene, eine Textstelle · Charakterisiere eine Person · Interpretiere den gesamten Text in Bezug auf die Figurenkonstellation · kreative Aufgabenstellungen (↑ S. 58 ff.)

Klassisches und modernes Drama

Man unterscheidet zwei Dramentypen:

- Das **klassische Drama** ist durch die sogenannte **geschlossene Form** – Gliederung in (fünf) Akte, einheitlicher Sprachstil, geradliniger, zeitlich eng begrenzter und auf einen Ort beschränkter Handlungsverlauf – gekennzeichnet.

Beispiel:
Gotthold Ephraim Lessing, Emilia Galotti

- Die **offene Form** des **modernen Dramas** verzichtet weitgehend auf die Gliederung in Akte, die Handlung kann Brüche oder Zeitsprünge aufweisen oder an unterschiedlichen Orten spielen.

Bertolt Brecht, Der gute Mensch von Sezuan

1. Schritt: Übersicht erarbeiten

Verschaffe dir zu Beginn der Bearbeitung eines dramatischen Textes in Form einer nach Akten oder Szenen gegliederten **Aufbauskizze** einen Überblick über das gesamte Drama.

Beispiel:
Friedrich Schiller, Die Räuber

1. Akt: Einführung in die Situation, Vorstellung der handelnden Personen, Anbahnung des Konflikts **(Exposition)**

Durch eine Intrige seines Bruders Franz wird Karl Moor von seinem Vater verstoßen, er schließt sich einer Räuberbande an, deren Hauptmann er später wird.

2. Akt: Steigende Handlung, Ausgestaltung, Zuspitzung des dramatischen Konflikts

Mit seiner Bande tritt Karl Moor als Retter der Unterdrückten auf, muss aber auch für die Untaten der anderen Bandenmitglieder einstehen.

3. Akt: Höhepunkt und Umschlagen der Handlung **(Peripetie)**

Karl Moor entscheidet sich etwas reumütig, noch einmal auf das Schloss seines Vaters zurückzukehren.

4. Akt: Fallende Handlung, Verzögerung der Handlung **(retardierendes Moment),** um die Spannung zu erhalten

Franz erkennt seinen Bruder und ersinnt einen Mordplan, Karls Räuber stürmen das Schloss, Franz bringt sich selbst um.

5. Akt: Katastrophe oder gute Lösung des Konflikts

Karl erkennt seine Schuld und stellt sich der Justiz.

2. Schritt: Personenkonstellation analysieren

Eine zentrale Frage bei der Analyse und Interpretation dramatischer Texte ist die Frage nach dem **Verhältnis der handelnden Figuren zueinander.**
Häufig ist dem Drama ein Verzeichnis der handelnden Personen vorangestellt. Aus ihm geht meist hervor, wer die **Hauptfiguren** sind und in welchem **verwandtschaftlichen** oder **gesellschaftlichen Verhältnis** sie stehen.

Beispiel:
Friedrich Schiller, Die Räuber

Maximilian, regierender Graf von Moor · Karl und Franz, seine Söhne · Daniel, Hausknecht des Grafen Moor

Darüber hinaus ist es wichtig herauszufinden, in welcher **emotionalen Beziehung** die Figuren zueinander stehen (1), wer wem überlegen (2) oder wer von wem abhängig (3) ist.
Leitfragen für die genaue Untersuchung der Beziehungen sind:

- Wie gehen die Figuren miteinander um?
- Wie reden sie miteinander?
- Wie reden sie übereinander?
- Stimmen Reden und Handeln überein oder gibt es Widersprüchlichkeiten oder Brüche?
- Was sagen Dritte über diese Beziehungen aus?

(1) Liebe · Hass · Gleichgültigkeit
(2) Klugheit · Stärke · Einfluss usw.
(3) emotionale oder finanzielle Abhängigkeit usw.

Analyse einer Einzelszene/ von mehreren Textstellen

Ordne die Szene/Textstellen zunächst in den **Gesamtzusammenhang** des Dramas ein. **Leitfragen** sind:

- **Was** geschieht in der Szene (1)?
- Welche **Ursachen und** welche **Folgen** hat das Geschehen für die weitere Dramenhandlung (2)?
- Ergeben sich in dieser Szene bedeutsame **Veränderungen für die Figuren** (3)?
- Welche **Bedeutung** hat die Szene für den weiteren Verlauf und für das Ende des Dramas (4)?

(1) kurze Inhaltsangabe (↑ S. 32 ff.)
(2) Berücksichtigung der vorausgehenden und der nachfolgenden Szenen
(3) neue Erkenntnisse · Herausforderungen · Verunsicherungen usw.
(4) Anbahnung/Vorausdeutung/Verzögerung der Katastrophe, der Lösung usw.

6

Bei der **detaillierten Untersuchung** können z. B. folgende Fragen helfen:

- Wer spricht mit wem und wie kommt es zu diesem Dialog?
- Welche Gedanken bewegen die Figuren?
- Welche Absicht oder welches Ziel verfolgen die Figuren?

Stelle dir zur **sprachlichen Gestaltung einer Szene** folgende Fragen:

- Welcher **Sprachstil** (1) und welche **Sprachebene** (2) herrschen vor?
- Unterscheiden sich die einzelnen Figuren in ihrer Sprache (Sprachstil/Sprachebene)?

(1) Sprache und Satzbau einfach und klar oder bildreich und eher kompliziert?
(2) Hoch- oder Umgangssprache?

Analyse einer Einzelszene/ von mehreren Textstellen

Untersuche auch, inwiefern die Regieanweisungen wichtige Informationen über

- den **Ort** (1),
- die **Zeit** (2) und
- die **äußeren Bedingungen** des Geschehens (3) geben.

Überlege, was diese Informationen für die Interpretation des Textes leisten (4).

(1) Schloss oder Hütte · freies Feld oder geschlossener Raum · besondere Gegenstände (Requisiten), z. B. Waffen
(2) geschichtlicher Zusammenhang
(3) Wetter · Tageszeit
(4) Gewitter als Sinnbild für die Seelenverfassung einer Figur

Charakterisierung einer dramatischen Figur

- Wo finden sich zentrale Aussagen und wichtige Dialogstellen der Figur?
- Geben die Regieanweisungen wichtige Informationen zur Figur und zu ihrem Charakter (1)?
- Was sagen die anderen Figuren zu ihr und, noch wichtiger, über sie (2)?
- Fällt etwas an ihrer Sprache auf (3)?
- Ist im Laufe des Dramas eine Entwicklung der Persönlichkeit zu erkennen (4)?
- Wie ist diese Figur und ihr Verhalten insgesamt zu beurteilen?

(1) Kostüme · Auftreten · Haltung · Bewegungen
(2) positive oder negative Bewertung · freundlicher/höflicher oder distanziert-unfreundlicher Umgang
(3) Sprachstil · Sprachfehler
(4) Lernt sie dazu? Verändert sich ihr Verhalten?

Das Wichtigste bei der Interpretation eines dramatischen Textes

Gründliche Lektüre

Lies den Text gründlich durch. Auffälligkeiten und wichtige Textstellen gleich unterstreichen, wichtige Stichwörter herausschreiben und den Text am Rand markieren (↑ S. 43).

Stichwortartige Analyse des Textes

- zentrale Handlungsschritte herausarbeiten und notieren
- Textabschnitt stichwortartig in den Gesamtkontext des Dramas einordnen (An welcher Stelle steht dieser Abschnitt, welche Bedeutung hat er für den Gesamtablauf und für das Ende des Dramas?)
- Auffälligkeiten in Bezug auf die handelnden Personen markieren (Auftreten, Kostüm, Sprachstil, Umgang mit anderen Figuren)
- sprachliche Gestaltung untersuchen hinsichtlich Spannung, Stimmungen usw.

Aufbau

- kurze, ausformulierte Inhaltsangabe der Szene
- kurze, ausformulierte Einordnung des Textabschnitts in den Gesamtzusammenhang
- Ausformulierung der Analyseergebnisse: Begründe alle deutenden und wertenden Ausführungen und belege sie am Text (Zitate, Textverweise ↑ S. 72 f.).
- abschließende Beurteilung der Szene

Überarbeitung

Überarbeite deinen Text nach dem Schreiben noch einmal gründlich und korrigiere eventuelle Fehler (↑ S. 90 ff.).

Interpretation erzählender Texte

Unter dem Begriff **Epik** oder **epische Texte** werden verschiedene erzählende Textformen zusammengefasst.
Man unterscheidet

- **kleine Formen,** die meist nur einen Umfang von wenigen Druckseiten haben,
- **mittlere Formen** mit einem Textumfang von bis zu achtzig Druckseiten und die
- **epische Großform,** die wesentlich umfangreicher und vielschichtiger ist.

Kurzgeschichte · Fabel · Parabel · Märchen

Erzählung · Novelle

Roman

Heinrich von Kleist, Michael Kohlhaas (Textauszug)

An den Ufern der Havel lebte, um die Mitte des sechzehnten Jahrhunderts, ein Rosshändler, namens Michael Kohlhaas, Sohn eines Schulmeisters, einer der rechtschaffensten zugleich und entsetzlichsten Menschen seiner Zeit. – Dieser außerordentliche Mann würde, bis in sein dreißigstes Jahr für das Muster eines guten Staatsbürgers haben gelten können. Er besaß in einem Dorfe, das noch von ihm den Namen führt, einen Meierhof, auf welchem er sich durch sein Gewerbe ruhig ernährte; die Kinder, die ihm sein Weib schenkte, erzog er, in der Furcht Gottes, zur Arbeitsamkeit und Treue; nicht einer war unter seinen Nachbarn, der sich nicht seiner Wohltätigkeit, oder seiner Gerechtigkeit erfreut hätte; kurz, die Welt würde sein Andenken haben segnen müssen, wenn er in einer Tugend nicht ausgeschweift hätte. Das Rechtgefühl aber machte ihn zum Räuber und Mörder.

1. Schritt: Inhaltsangabe des Textes/ Textausschnitts

Am Anfang der Textbearbeitung steht eine **kurze Inhaltsangabe** (↑ S. 32 f.). Diese beginnt mit einem **Einleitungssatz,** der

- den **Namen des Autors,**
- den **Titel** und
- die **Textart** benennt und
- die **Thematik** kurz und prägnant zusammenfasst (1).

Im Anschluss daran werden die **wesentlichen Handlungsschritte** wiedergegeben (2).

Soll ein Textausschnitt bearbeitet werden, muss die Passage direkt im Anschluss an die Inhaltsangabe in den **Gesamtzusammenhang** des Romans oder der Erzählung eingeordnet werden. Dies umfasst eine detaillierte Wiedergabe des Textausschnitts sowie Hinweise über die Bedeutung des Ausschnitts für den Gesamttext (3).

Leitfragen sind z. B.:

- Wird eine neue Figur eingeführt?
- Ergibt sich eine neue Entwicklung?
- Werden bestimmte Charaktereigenschaften der handelnden Figuren besonders deutlich?

(1) In der Novelle „Michael Kohlhaas“ von Heinrich von Kleist geht es um einen jungen Mann, der, nachdem er ungerecht behandelt worden ist, durch Selbstjustiz zum Verbrecher wird.

(2) Kohlhaas wird widerrechtlich aufgehalten und gezwungen, seine Pferde zurückzulassen. Als er sie wieder abholen will, sind sie völlig abgemagert. Da er auf legalem Weg nicht recht bekommt, beginnt er einen räuberischen Feldzug.

(3) Im vorliegenden Textabschnitt zu Beginn der Erzählung wird in die Thematik eingeführt, der Ort, die Zeit und die Hauptfigur werden vorgestellt ...

2. Schritt: Analyse des Textes/ Textausschnitts

Untersuche und interpretiere den Text/Textausschnitt und beachte dabei besonders die **Aufgabenstellung.** Sie kann z. B. einen der folgenden Aspekte in den Mittelpunkt der Analysearbeit stellen:

- die Darstellung der handelnden Figuren (↑ S. 56 f.) (1),
- die Entstehungszeit (die historischen und politischen Hintergründe) des Textes (2),
- den Autor (3),
- die zentrale Aussage des Textes (4).

(1) von Anfang an Widersprüchlichkeit der Hauptfigur
(2) erschienen 1810, Text nimmt ein historisches Geschehen von 1532 zum Ausgangspunkt
(3) skeptisch gegenüber gesellschaftlichen und menschlichen Bindungen, schließlich Verzweiflung und Freitod
(4) Kritik an Willkürherrschaft einerseits, an der Selbstjustiz andererseits

Leitfragen zu den **sprachlichen Mitteln,** die der Autor einsetzt, sind:

- Ist der Text durch die Verwendung immer wiederkehrender Wörter oder Gedanken – sogenannter **Leitmotive** – gekennzeichnet (1)?
- Durch welche sprachlichen Mittel wird das Interesse der Leser geweckt? Wie wird Spannung erzeugt und erhalten (2)?

(1) rechtschaffen · Gerechtigkeit · Rechtsgefühl Treue · Wohltätigkeit · Tugend
(2) vor allem durch den starken Kontrast zwischen positiven und negativen Begriffen

3. Schritt: Analyse erzählerischer Mittel

Leitfragen zur **Erzählperspektive** sind:
- Erzählt eine Figur, die am Geschehen selbst beteiligt ist/war, aus der **Ich-Perspektive** oder
- tritt ein Erzähler auf, der Abstand zum Geschehen hat und es aus der **Er-/Sie-Perspektive** erzählt?

Das Geschehen wird aus der Er-/Sie-Perspektive erzählt: „Er besaß in einem Dorfe, das noch seinen Namen trägt …“

Leitfragen zum **Erzählverhalten** sind:
- Hat der Erzähler einen Überblick über das gesamte Geschehen und schaltet er sich immer wieder kommentierend und wertend ein, spricht man von einem **auktorialen** (allwissenden) **Erzählverhalten.**
- Wird im Wesentlichen aus der Sicht einer beteiligten Person erzählt, spricht man von einem **personalen Erzählverhalten.**
- Beschränkt sich der Erzähler auf eine sachliche Wiedergabe der Ereignisse und verzichtet er auf Kommentare und weiterführende Gedanken (Reflexionen), spricht man von einem **neutralen Erzählverhalten.**

Aufgepasst: Während die Erzählperspektive in einem Text meistens durchgehend beibehalten wird, kann das Erzählverhalten wechseln.

Kommentare oder Wertungen: „außerordentliche Mann“ usw.

Wiedergabe der Gedanken: „er überschlug eben, wie er den Gewinst (...) anlegen wolle“

unkommentierte Wiedergabe von Dialogen: „Was gibt’s hier Neues?“, fragte er …

3. Schritt: Analyse erzählerischer Mittel

Leitfragen zur **Erzähltechnik** sind:

- Wird die Handlung chronologisch erzählt oder gibt es Vorausdeutungen, Zeitsprünge oder Rückblenden (1)?
- Wird der Inhalt logisch erzählt oder gibt es Widersprüchlichkeiten, Brüche, Unklarheiten oder offene Fragen in Bezug auf die Handlung oder die handelnden Charaktere (2)?
- Steht die sogenannte **äußere Handlung** (sicht- und hörbares Geschehen) oder die **innere Handlung** (Gedanken, Empfindungen, Stimmungen der beteiligten Figuren) im Vordergrund (3)?
- Wie wird die innere Handlung vermittelt? In der Form eines **inneren Monologs** (Darstellung der Gedanken und Empfindungen aus der Ich-Perspektive) oder in der Form der **erlebten Rede** (Darstellung in der Er-/Sie-Form) (4)?
- Wie wirken die sprachlichen und erzählerischen Mittel auf den Leser?

(1) Andeutungen über das zukünftige Schicksal Michael Kohlhaas'; im weiteren Text (der Textform der Novelle entsprechend) weitgehend chronologisches Erzählen
(2) Widersprüchlichkeit: „rechtschaffensten" – „entsetzlichsten"
(3) im Vordergrund: äußere Handlung
(4) im Wesentlichen: erlebte Rede

4. Schritt: Text schreiben

Achte beim Schreiben des Textes auf die Aufgabenstellung. Begründe und belege deine Ausführungen.

↑ S. 72 f.

Die wichtigsten Leitfragen bei der Interpretation eines epischen Textes

Vorarbeit

Lies den Text gründlich durch, um den Text zu erfassen. Auffälligkeiten und wichtige Textstellen gleich unterstreichen, wichtige Stichworte herausschreiben und den Text am Rand markieren (↑ S. 43) sowie unbekannte Begriffe und Wörter klären.

Vorfragen

- Von wem wurde der Text verfasst?
- Wann ist er entstanden?

Hauptfragen

- Worum geht es inhaltlich?
- Wie ist der Text aufgebaut?
- Welches sind die zentralen Textstellen?
- Welche Erzählperspektive wählt der Verfasser?
- Welche Aussageabsicht hat der Verfasser?
- Mit welchen sprachlichen Mitteln erreicht der Verfasser seine Aussageabsicht, z. B. Umgangssprache, poetische Sprache, besondere Ausdrücke?
- Gibt es Leitmotive wie wiederkehrende Handlungselemente, wiederholt verwendete sprachliche Bilder oder wiederkehrende Redewendungen, Gesten, Gegenstände usw.?

Zusatzfragen

- Wie wirkt der Text auf den Leser?
- Inwiefern ist der Text typisch für den Autor: Bezüge zur Biografie und zum Gesamtwerk?
- Inwiefern ist der Text typisch für seine Entstehungszeit: Bezüge zu historischen Ereignissen oder geistesgeschichtlichen Zusammenhängen?

Bei einer Charakterisierung geht es darum, möglichst viele Einzelheiten zum **Charakter** einer literarischen Figur, zu ihrem äußeren **Erscheinungsbild** und zu ihren besonderen **Eigenschaften** und **Verhaltensweisen** herauszuarbeiten.

1. Schritt: Textarbeit

Arbeite zunächst alle wichtigen Informationen über die Figur aus dem Text heraus. Notiere dabei

- die Stelle, an der du diese Information gefunden hast (Seite/Zeile), damit du deine Ausführungen mit Textverweisen belegen kannst,
- von wem diese Informationen stammen (Aussagen der Figur über sich selbst, Aussagen anderer Figuren oder Erzählerkommentare).

Beispiel: Heinrich von Kleist, Michael Kohlhaas

Seite/Zeile	Inhalt	Wer sagt das?
S. 3/Z. 3 ff.	einer der rechtschaffensten zugleich und entsetzlichsten Menschen seiner Zeit	Erzähler
S. 24/Z. 36	„Du brauchst jetzt nichts mehr als Waffen und Pferde; alles andere kann nehmen, wer will!“	Lisbeth, Kohlhaas’ Frau
S. 25/Z. 1 ff.	„Liebste Lisbeth, was machst du, Gott hat mich mit Weib und Kindern und Gütern gesegnet, soll ich heute zum ersten Male wünschen, dass es anders wäre.“	Kohlhaas selbst
S. 28/Z. 13	und übernahm sodann das Geschäft der Rache	Erzähler

2. Schritt: Textbausteine zu einem Gesamtbild zusammensetzen

Aus den gesammelten Informationen entwirft man ein Gesamtbild der Persönlichkeit. Beachte dabei auch, in welchem Verhältnis der Sprechende zu der zu charakterisierenden Figur steht und in welcher Situation die Aussagen getroffen werden.

Der Rosshändler Michael Kohlhaas, so scheint es zunächst, ist eine vielschichtige Persönlichkeit. Einerseits ist er durch einen außergewöhnlichen Sinn für Gerechtigkeit gekennzeichnet; andererseits bringt ihn aber gerade dieser Gerechtigkeitssinn dazu, zum Räuber und Mörder zu werden (vgl. S. 1).

3. Schritt: Eigene Meinung und persönliche Beurteilung der Figur

6

Am Ende der Charakterisierung kann eine abschließende Beurteilung der Figur stehen, bei der du auf der Grundlage der gründlichen Textanalyse deine ganz persönliche Meinung zum Ausdruck bringen kannst. Denk daran, dass du deine Ausführungen gut begründest und mit Zitaten oder Textverweisen belegst (↑ S. 72 f.).

Ich teile die ambivalente Einstellung zur Figur des Michael Kohlhaas, die der Erzähler zu Beginn der Novelle zum Ausdruck bringt, nicht. Vielmehr überwiegen meines Erachtens ihre negativen Eigenschaften. Insbesondere der Umgang zwischen Kohlhaas und seiner Ehefrau wirft ein negatives Licht auf ihn. Das Schicksal seiner Familie und seines Lebenswerkes scheint ihm völlig gleichgültig zu sein, und auch der Tod seiner Ehefrau bringt ihn nicht zur Vernunft, vielmehr macht er sich gleich nach der Beerdigung an das „Geschäft der Rache“(vgl. S. 28).

7 Mit literarischen Texten kreativ arbeiten

Bei dieser Aufgabenstellung geht es darum, eine literarische Textvorlage zu untersuchen und die Analyseergebnisse zu einem neuen, fantasievollen Text auszuarbeiten.

Epische Texte

Charles Dickens, Oliver Twist (Textauszug)
Von diesem Festmahl erhielt jeder Junge einen Napf voll. [...] Jungen haben im Allgemeinen einen guten Appetit. Oliver Twist und seine Kameraden hielten die Qualen eines langsamen Hungertodes eine Weile aus. Endlich wurden sie so gierig und wild vor Hunger, dass ein für sein Alter ziemlich großer Knabe [...] die schreckliche Bemerkung fallen ließ, er fürchte, dass er eines Nachts seinen Schlafkameraden aufessen werde, wenn er nicht täglich einen Napf Haferschleim mehr erhielte. Er hatte wilde, hungrige Augen, sodass sie ihm alle glaubten. Die Jungen beratschlagten. Schließlich entschied das Los, wer nach dem Abendessen zu dem Aufseher gehen und um mehr bitten sollte: Es fiel auf Oliver Twist. [...]

***

Hunger und Elend ließen ihn alle Vorsicht vergessen. Er stand vom Tisch auf, näherte sich mit Napf und Löffel in der Hand dem Aufseher und sagte, freilich ein wenig von seiner Tollkühnheit beunruhigt: „Ich bitte noch um etwas Suppe, Sir."

Text ergänzen

Bei dieser Aufgabenstellung geht es darum, eine Geschichte zu Ende zu schreiben oder innerhalb eines Textauszugs ein „Zwischenstück" zu formulieren. Hierbei muss man darauf achten, dass die Ergänzung zum vorhergehenden und nachfolgenden Text passt.

Mögliche Aufgabenstellung:
Wie fühlt sich Oliver in der mit *** gekennzeichneten Situation? Schreibe seine Gedanken, Stimmungen und Empfindungen in Form eines inneren Monologs auf!

1. Schritt: Ausgangssituation klarmachen

Zunächst geht es darum, den Text gründlich zu lesen und zu verstehen. Beginne damit, die **wesentlichen Informationen zur Ausgangssituation** zu sammeln.
Leitfragen sind:

- **Wer** handelt (1)?
- In welcher **Situation** befinden sich die Handelnden (2)?
- Wie geht der Text nach der zu ergänzenden Stelle weiter (3)?

(1) Oliver Twist und die Jungen im Waisenhaus, die großen Hunger leiden
(2) Oliver steckt in der Klemme, soll er mehr zu essen fordern und sich den Zorn der Aufseher zuziehen oder soll er es nicht tun und sich den Zorn der anderen Jungen zuziehen?
(3) Oliver bittet um einen Nachschlag.

7

2. Schritt: Ideen sammeln

Versetze dich jetzt in die **Situation der** beschriebenen **Figur:**
- Was weißt du über ihren Charakter (1)?
- Wie empfindet sie wohl in dieser Situation (2)?
- Welche Gedanken mögen ihr durch den Kopf gehen (3)?

(1) Oliver ist noch sehr jung und eher zurückhaltend.
(2) Er fühlt sich unter Druck und hilflos; ist verunsichert.
(3) „Was soll ich nur machen?“

3. Schritt: Text schreiben

Beachte die durch die Aufgabenstellung gesetzten Vorgaben:
- in Bezug auf die **Textform** (1).
- in Bezug auf den **Tempusgebrauch** (2). In der Regel wird das Tempus der Textvorlage verwendet. Beim inneren Monolog empfiehlt es sich immer, das **Präsens** zu benutzen, um die Unmittelbarkeit der Gedanken besser zum Ausdruck zu bringen.
- in Bezug auf den **Sprachstil** (3).

(1) innerer Monolog, d.h. Gedanken und Stimmungen aus der Ich-Perspektive
(2) Präsens
(3) dem Charakter des Titelhelden entsprechend eher zurückhaltend, zögerlich, verunsichert

Beispiel für eine Textergänzung: Olivers Entscheidung

So eine blöde Situation, was soll ich nur machen. Dem Langen traue ich echt alles zu, aber auch mit den Aufsehern ist nicht zu spaßen. Vielleicht gibt es ja doch eine kleine Chance, mehr Essen zu bekommen. Jedenfalls geht es so, wie es im Moment läuft, auch nicht weiter. Jeden Abend können wir vor Hunger nicht einschlafen, nachts wachen wir mit knurrenden Mägen auf, es muss sich endlich etwas tun.

Lyrische Texte

Gedicht umwandeln

Bei dieser Aufgabenstellung sollst du die wesentlichen **inhaltlichen Aspekte** des Gedichts **beibehalten,** bei der Wiedergabe aber eine völlig **andere Form** benutzen, z. B.:

Beispiel:
Theodor Storm, Die Stadt (↑ S. 39)

Brief

Lieber Peter, ich weiß zwar, dass du meine Heimatstadt ziemlich öde findest, und damit hast du ja auch recht, aber …

Dialog/Streitgespräch

Peter: Ich weiß gar nicht, was du an diesem Kaff findest.
Theodor: Du kennst es ja gar nicht richtig …

Innerer Monolog

So trostlos und verlassen meine Heimatstadt auch ist, hier fühle ich mich zu Hause …

Parallel- oder Gegengedicht schreiben

Bei dieser Aufgabenstellung sollst du die wesentlichen Ergebnisse der Textanalyse in einem neuen Gedicht umsetzen. Dabei soll die **äußere Form** – Aufbau und Anzahl der Verse und Strophen, Reimschema usw. (↑ S. 40 ff.) – des Ausgangstextes **beibehalten** werden.

15 Verse, drei Strophen · Mischung aus Kreuz- und Paarreim

Parallel- oder Gegengedicht schreiben

Die äußere Form des Ausgangstextes (↑ S. 61) sollst du mit **neuem Inhalt** füllen, z. B. mit der Darstellung der eigenen Heimatstadt und des Verhältnisses zu ihr.
Beachte die Reihenfolge der einzelnen Arbeitsschritte:

- Textanalyse (↑ S. 40 ff.),
- Ideen sammeln und ordnen,
- Text schreiben,
- Text überarbeiten und Fehler korrigieren (↑ S. 90 ff.).

Beispiel:
Theodor Storm, Die Stadt (↑ S. 39): im ersten Teil düstere Stimmung, negative Darstellung der Stadt; im zweiten Teil positive Stimmung, Darstellung der Liebe zur Heimatstadt

Beispiel für ein Parallel-/Gegengedicht: Meine Stadt

Im grünen Tal, im grünen Tal,
Und seitab liegt die Stadt;
Kein Kino, Action minimal
Und Öde, Gähnen wieder ’mal
Eintönig ist die Stadt.

Kein Rummel tobt, kein Leben lacht
nur dort im Walde ist was los;
Hier sagen sich, so mein Verdacht,
Herr Fuchs und Hase Gute Nacht.
Und sonst grünt nur Moos.

Doch hängt mein ganzes Herz an dir,
Du grüne Stadt im Tal;
Der Jugend Zauber für und für
Ruht lächelnd doch auf dir, auf dir,
Du grüne Stadt im Tal.

Dramatische Texte

Rollenbiografie schreiben

Bei dieser Aufgabenstellung geht es zunächst darum, alle Informationen zu einer Dramenfigur zu sammeln (1) (↑ S. 48).
Diese werden aber nicht zu einer mehr oder weniger objektiven Charakterisierung zusammengefasst, sondern zu einem **Selbstbildnis der Figur (Ich-Perspektive).**

- Wie beurteilt sie ihr eigenes Leben?
- Wie sieht sie ihr Verhältnis zu den anderen Figuren?
- Wie beurteilt sie das Verhalten der anderen?
- Wie beurteilt sie ihr eigenes Verhalten? Ist sie selbstkritisch oder rechthaberisch? Empfindet sie Reue über eigene Taten usw. (2)?

Beispiel:
Friedrich Schiller, Die Räuber (↑ S. 45 ff.)
(1) Name: Karl Moor; Sohn des regierenden Grafen von Moor; nach einer Intrige seines Bruders Franz von zu Hause verstoßen; zum Räuberhauptmann geworden
(2) erkennt Fehler in seinem Leben, bereut das Unrecht, das er getan hat; liefert sich der Justiz aus

Beispiel für eine Rollenbiografie: Karl Moor

Ich, Karl Moor, bin am 24. Mai 1732 in Franken als ältester Sohn von Maximilian Graf von Moor geboren. Über meine Kindheit, die ich im Hause meines Vaters verlebte, gibt es nicht viel zu erzählen, außer vielleicht, dass das Verhältnis zwischen mir und meinem jüngeren Bruder Franz immer schon sehr schwierig war. Wir sind eben zu unterschiedlich … Zwar bekam ich nie richtig Ärger mit meinem Vater, aber andererseits stellte er sich auch nie eindeutig auf meine Seite, vielmehr bemühte er sich ständig darum, …

8 Schilderung, Bericht und Protokoll

Schilderung

Eine Schilderung stellt ein wirkliches Ereignis oder Erlebnis anschaulich dar. Ihr Ziel ist nicht in erster Linie die Information über ein Geschehen, sondern die Darstellung seiner Wirkung oder der Atmosphäre. Das Geschehen wird hierzu **mit persönlichen Gedanken und Empfindungen** verknüpft.

mögliche Themen: Winternacht · Gewitter am Meer · Sonnenuntergang in den Alpen

Aufregung · Freude · Ängste

1. Schritt: Gliederung

- Die Gliederung folgt zunächst dem **chronologischen Ablauf** des Geschehens (1).
- Besonders **bewegende Momente** werden anschaulich und detailliert dargestellt und in ihrer Wirkung deutlich hervorgehoben (2).
- Die Schilderung endet mit der Formulierung eines **Gesamteindrucks** (3).

(1) Zum Abend hin wurde es immer kälter.
(2) Ich blickte aus dem Fenster und die Winterlandschaft verzauberte mich ... (↑ Fortsetzung S. 65)
(3) Die Eindrücke dieser Nacht werde ich nie vergessen.

2. Schritt: Sprachliche Gestaltung

Die Leser sollen die vermittelten Empfindungen und Gefühle nachvollziehen können, deshalb wählt man bei der Schilderung eine **subjektive, persönlich gefärbte Sprache:**

- farbige und wertende Adjektive,
- Verben der Bewegung,
- Sprachbilder und Vergleiche (↑ S. 21).

Ein weißgelber Mond verbreitete frostiges Licht, das lange, scharf gezeichnete Schatten warf. Wie Scherenschnitte, dachte ich und suchte durch das blattlose Geäst der Platanen den Winterhimmel nach dem Großen Bären ab. Aber der Mond …

3. Schritt: Schilderung schreiben

Achte beim Schreiben auf die Zeitformen. Möglich sind:

- **Formen der Gegenwart** (Präsens, bei Vorzeitigkeit: Perfekt) und
- **Formen der Vergangenheit** (Präteritum, Plusquamperfekt).

Aufgepasst: Das Präsens wirkt direkter und unvermittelter und entspricht daher eher der Zielsetzung einer Schilderung.

Ich sehe den Schnee vor der Tür, festgetreten und grau, er lässt sich nicht mehr von der Straße kehren, er ist mit Rollsplitt bestreut und bildet kleine gefrorene Wülste, die den Bürgersteig holprig machen.

Bericht

Der Bericht stellt den Ablauf eines Geschehens detailliert dar. Dabei werden auch alle wichtigen Begleitumstände angegeben. Sein Ziel ist die genaue, **klare und sachliche Information.** Der Informationswert ist wichtiger als der Unterhaltungswert.

Beispiele:
Unfallbericht · Polizeibericht · Sachinformationen über eine Tagung/Sitzung usw.

1. Schritt: W-Fragen beantworten

Die Antworten auf die sieben W-Fragen liefern die grundlegenden Informationen über einen Vorfall.

- **Wer** war an dem Vorfall beteiligt (1)?
- **Wann** ereignete er sich (2)?
- **Wo** ereignete sich der Vorfall (3)?
- **Was** ist geschehen (4)?
- **Wie** hat sich der Vorfall genau abgespielt (5)?
- **Warum/Wie** kam es dazu (6)?
- **Welche Folgen** hatte der Vorfall (7)?

Unfallbericht:
(1) Pkw- und Motorradfahrer
(2) gestern Morgen, 10:30 Uhr
(3) Bahnhofstraße
(4) Zusammenstoß der Fahrzeuge
(5) Motorradfahrer fuhr in den rechten Kotflügel
(6) Pkw-Fahrer hatte die Vorfahrt missachtet
(7) Motorradfahrer wurde mit schweren Verletzungen ins Krankenhaus gebracht

Praxistipp: Verwechsle den Bericht nicht mit einer Beschreibung. Beim Bericht handelt es sich um ein einmaliges, besonderes Ereignis.

2. Schritt: Gliederung

- Die **Einleitung** gibt einen knappen Gesamtüberblick über das Ereignis (1).
- Im **Hauptteil** berichtet man über den Verlauf des Geschehens (2).
- Im **Schlussteil** kann man auf die Hintergründe des Ereignisses eingehen oder auf die Folgen, die sich aus dem Vorfall ergeben (3).

(1) kurze Antwort auf die Fragen wer?, wann?, wo?, was?
(2) chronologische, detaillierte Ausführungen zur Frage wie?
(3) kurze Auskunft zu den Fragen warum? und welche Folgen?

3. Schritt: Bericht schreiben

Achte auf eine **sachlich-nüchterne und eindeutige Sprache.** Vermeide Ausdrucksmittel der Erzählsprache wie farbige Vergleiche, Ausrufe, wörtliche Reden oder die eindringliche Wiedergabe von Gefühlen und Sinneseindrücken. Die eigene Meinung gehört ebenfalls nicht in einen Bericht (1).

- Ein Bericht wird in der Regel im **Präteritum** geschrieben.
- Zur Darstellung der Vorgeschichte oder Hintergründe benutzt man das **Plusquamperfekt.**
- Zur Angabe des gegenwärtigen Standes oder der Folgen des Geschehens verwendet man **Präsens** oder **Futur** (2).

(1) Der Pkw fuhr mit deutlich überhöhter Geschwindigkeit. Der Motorradfahrer schien nach dem Aufprall schwer verletzt zu sein.
(2) Der Pkw-Fahrer **übersah** das Motorrad, weil er **telefoniert hatte.** Der Motorradfahrer **liegt** jetzt im Krankenhaus.

Protokoll

In einem Protokoll gibt man die wesentlichen **Schritte eines Vorgangs** (1) oder die wichtigsten **Ergebnisse eines Gesprächs** (2) wieder. Es hat das Ziel, Informationen für Personen, die beim Vorgang oder Gespräch nicht anwesend waren, bereitzustellen oder den Teilnehmern eine Gedächtnisstütze zu geben.

(1) Straftat · Unfall · Experiment · Projekt
(2) (Gerichts)-Verhandlung · Besprechung · Diskussion · Vortrag

Protokoll verfassen

Jedes Protokoll beginnt mit Angaben über

- den **Ort** (1),
- die **Zeit** (2),
- die **beteiligten Personen** (3) und
- die/den **Protokollführende/n** (4).

Der Zweck des Protokolls bestimmt, wie detailliert diese Angaben sein müssen und was im Anschluss an diese Angaben ausgeführt wird (↑ S. 69).

(1) Adresse · Gebäude (Gebäudeteil/Raum)
(2) Datum · Uhrzeit oder Dauer
(3) auch abwesende Personen (entschuldigt/unentschuldigt)
(4) Unterschrift der/des Protokollführenden

Für ein Protokoll können das **Präsens** und das **Präteritum** verwendet werden. Man benutzt eine **sachlich-distanzierte Sprache.** Zur Wiedergabe wörtlicher Aussagen wählt man die **Formen der Inhalts- und Redewiedergabe** (↑ S. 70 ff.).

In der Diskussion äußerte (oder äußert) der Experte die Vermutung, dass …

Verlaufsprotokoll

Es enthält die wichtigsten Punkte eines **Diskussionsverlaufs** in der korrekten zeitlichen Reihenfolge. Die **Redebeiträge** werden stichpunktartig in ihren Hauptaussagen mit Angabe des Redners wiedergegeben. Das **Ergebnis** wird am Ende festgehalten.

Protokollant
Name A: …
Name B: …
Beschluss: …
Unterschrift

Ergebnisprotokoll

Es hält nur **wichtige Beschlüsse oder Ergebnisse** zu den besprochenen Themen fest. Einzelne Redebeiträge erfasst man nicht.

Protokollant
Ergebnisse/Beschlüsse:
1 …; 2 …; 3 …
Unterschrift

Versuchsprotokoll

Es wird vor allem bei wissenschaftlichen Experimenten gebraucht und enthält neben der konkreten **Aufgabenstellung** alle benötigten Geräte, Substanzen und Hilfsmittel. Der **Versuchsaufbau** wird skizziert und beschriftet. Den **Versuchsablauf** gibt man exakt und in der richtigen zeitlichen Reihenfolge wieder. Am Ende wird auf die Aufgabenstellung eingegangen, der Versuch ausgewertet und das **Ergebnis** festgehalten.

1. Thema/Frage
2. Vermutung/Hypothese
3. Aufbau und Ablauf
4. Ergebnisse
5. Auswertung (Bestätigung oder Widerlegung der Hypothese; neue Hypothesenbildung; Formulierung einer Regel/Formel)

Formen der Rede- und Inhaltswiedergabe

Bei der sachlichen Wiedergabe von Aussagen im Rahmen von Berichten und Protokollen kannst du zwischen drei unterschiedlichen Formen der **Redewiedergabe** wählen.

Wörtliche Rede

Die wörtliche Rede ist die einfachste Form der Redewiedergabe. Dabei übernimmt man Wörter, Wendungen oder Sätze völlig unverändert. Die übernommenen Textpassagen müssen in Anführungszeichen gesetzt werden.
Verwende die wörtliche Übernahme nur bei besonders wichtigen, aussagekräftigen oder sprachlich prägnanten Aussagen.

„Ich bin ein Berliner!“
(John F. Kennedy in seiner berühmten Berliner Rede)

„Ich habe fertig!“
(Giovanni Trappatoni in einer Pressekonferenz)

Redewiedergabe

Textparaphrase

Die Textparaphrase ist die freieste Form der Textwiedergabe. Der **Inhalt der Vorlage** wird konsequent **mit eigenen Worten** formuliert.

Sie sprachen von einer außerordentlich schönen Landschaft, einer außergewöhnlich guten Unterkunft und besonders ruhigen und entspannenden Ferientagen.

Indirekte Rede

Mit der indirekten Rede wird verdeutlicht, dass die wiedergegebene Aussage nicht von einem selbst stammt und dass die vorgetragene Meinung nicht die eigene sein muss. Grundsätzlich verwendet man in der indirekten Rede den **Konjunktiv I.**
Aussagen, die in der direkten Rede in der ersten Person stehen, gibt man in der indirekten Rede in der dritten Person wieder.

Direkte Rede	**Indirekte Rede**
„**Unser** Ferienhaus **ist** unglaublich groß und schön gewesen", erzählt Mira.	Mira erzählt, **ihr** Ferienhaus **sei** unglaublich groß und schön gewesen.

Wenn die Formen des Indikativs und des Konjunktivs I übereinstimmen, benutzt man in der indirekten Rede als Ersatzform den **Konjunktiv II.**

Direkte Rede	**Indirekte Rede**
Sie sagten, sie **haben** schöne und vor allem sehr erholsame Ferien gehabt.	Sie sagten, sie **hätten** schöne und vor allem sehr erholsame Ferien gehabt.

Wenn die Formen des Präteritums/Indikativ mit dem Konjunktiv II übereinstimmen, benutzt man als Ersatzform die **Umschreibung mit *würde* + Infinitiv.**

Direkte Rede	**Indirekte Rede**
Sie sagte, die Insulaner **lebten** wie in einem verloren geglaubten Paradies.	Sie sagte, die Insulaner **würden** wie in einem verloren geglaubten Paradies **leben.**

Formen der Rede- und Inhaltswiedergabe

Auch bei der Interpretation von literarischen Texten (↑ S. 38 ff.) und bei der Erörterung von Problemen auf der Grundlage eines Sachtextes (↑ S. 82 ff.) musst du den Inhalt von Texten, die nicht von dir selbst stammen, wiedergeben und dich in den Bewertungen und Begründungen auf ihn beziehen. Man unterscheidet zwei unterschiedliche Formen der **Inhaltswiedergabe.**

Inhaltswiedergabe

Zitate

Bei dieser Form der Textwiedergabe werden Textaussagen – wie bei der wörtlichen Rede – **wörtlich** übernommen. Dabei muss man darauf achten, dass das Zitat nicht aus dem Textzusammenhang gerissen wird.
Man übernimmt die zitierte Passage **exakt,** gibt also den genauen Wortlaut wieder, und setzt diese Textaussage in **Anführungszeichen.**
Außerdem gibt man die **Fundstelle** des Textauszugs an.

- bei Büchern: Autor, Werk, Seite, eventuell Zeile
- bei Zeitschriftenaufsätzen: Autor, Titel des Aufsatzes, Titel der Zeitschrift, Jahrgang/Heftnummer, Seite
- bei Internetveröffentlichungen: genaue Webadresse, Tagesdatum

„einer der rechtschaffensten zugleich und entsetzlichsten Menschen seiner Zeit“ (Kleist, Michael Kohlhaas, S. 1)

Textverweise

Bei dieser Form der Textwiedergabe werden Gedanken und Aussagen eines Textes paraphrasiert, d. h. sinngemäß wiedergegeben. Mit einer Klammerbemerkung (vgl. Autor, Werk, Seite/Zeile) verweist man darauf, wo die Textstelle zu finden ist.
Die Textparaphrase ist die selbstständigste Wiedergabe eines Textes. Sie muss in sich schlüssig sein und den Sinn des Textes korrekt wiedergeben. An der Textparaphrase lässt sich gut ablesen, ob du den Text auch wirklich verstanden hast. Außerdem sagt sie viel über deine Fähigkeit zu eigenständigen Formulierungen im Rahmen der Textinterpretation aus.

Der Erzähler spricht von einem Mann, der ein besonderes Rechtsempfinden hat, der aber gleichzeitig ein besonders grausamer Verbrecher geworden ist. (vgl. Kleist, Michael Kohlhaas, S. 1)

Sprachliche Distanzierung von Aussagen

Schon bei der Wiedergabe von Textpassagen kannst du deutlich machen, dass du die Auffassungen des Autors oder der Autorin nicht teilst, dass du sie für falsch, mindestens aber für fragwürdig hältst.

- durch den Gebrauch von **Konjunktiv-II-Formen** (1)
- durch distanzierende Zusätze (2)

(1) Sie behaupteten, es **gäbe** dort riesige Heuschrecken. · Sie waren der Ansicht, das spiele überhaupt keine Rolle.
(2) angeblich · seiner Meinung nach · nach seiner Auffassung · so der Autor usw.

9 Nachricht, Reportage und Kommentar

Nachricht

Darunter versteht man alle **sachlich-informierenden journalistischen Textformen.**
- In der kürzesten Fassung nennt man sie Meldung,
- in der ausführlichen Form nennt man sie Bericht.

in:
Zeitungen · Zeitschriften · Rundfunk · Fernsehen · Internet

Meldung

Eine Meldung fasst die **wesentlichen Informationen** zu einem aktuellen Geschehen so knapp wie möglich zusammen:
- **wer?**
- **was?**
- **wo?**
- **wann?**

Auf Detailinformationen zum genauen Ablauf des Geschehens – wie? – oder auf Hintergrundinformationen zu den Ursachen und Folgen des Geschehens – warum? welche Folgen? – wird weitgehend verzichtet.

Der größte Lotto-Jackpot seit Einführung des Euro ist am Samstag bei der 42. Ausspielung geknackt worden. Gewinner aus Bayern und aus Rheinland-Pfalz können sich über jeweils 7,3 Millionen Euro freuen. *(Süddeutsche Zeitung, 21. 10. 03)*

Beginne mit der wichtigsten oder interessantesten Sachinformation:

Beispiele:

- Wenn berühmte Persönlichkeiten beteiligt sind: **wer?**

  Politiker oder Showstars

- Wenn es sich um außergewöhnliche Ereignisse handelt: **was?**

  Lottogewinn

- Wenn der Tatort von besonderem Interesse ist: **wo?**

  im Hochgebirge

- Wenn die Tatzeit eine besondere Rolle spielt: **wann?**

  in der Silvesternacht

Journalistischer Bericht

Der journalistische Bericht liefert **detaillierte Informationen** über ein Ereignis (↑ S. 66 f.). Wird sehr ausführlich auf die Hintergründe (Ursachen, Anlässe, Folgen) eines Geschehens eingegangen, spricht man vom **Hintergrundbericht.**

Anders als der Polizeibericht oder andere Fachberichte ist der journalistische Bericht für ein breites Publikum geschrieben. Achte deshalb darauf, dass er allgemein verständlich ist und berücksichtige Folgendes:

- Wahl einfacher und verständlicher Wörter (1),
- Verwendung von Verben statt Nominalisierungen (2),
- Täter nennen, Aktiv statt Passiv (3),
- Tempus (↑ S. 67).

(1) Kontamination
besser: Verseuchung
(2) die Bereitstellung von …
besser: sind bereitgestellt worden
(3) Es ist beschlossen worden, …
besser: Die Regierung hat beschlossen, …

9

Reportage

Eine Reportage vermittelt neben **Sachinformationen** auch **persönliche Eindrücke und Stimmungen.**
Dem Leser soll das Gefühl gegeben werden, selbst am Geschehen beteiligt gewesen zu sein.

mögliche Themen: große Sportereignisse · das Leben im Altenheim · Menschen mit besonderen Hobbys

1. Schritt: Sachinformationen ordnen

Die Reportage vermittelt die wesentlichen Informationen auf die Fragen
- **wer?** (1),
- **wo?** (2),
- **was?** (3),
- **wann?** (4),
- **wie?** (5),
- **welche Folgen?** (6).

Diese Sachinformationen liefern aber nur das Grundgerüst für die Reportage, sie werden ergänzt durch die Darstellung von persönlichen Eindrücken und Empfindungen (7).
Aufgepasst: Die Sachinformationen werden nicht – wie bei einem Bericht – direkt am Anfang präsentiert. Sie sollten so verteilt sein, dass die Leser den ganzen Artikel hindurch das Gefühl haben, etwas Neues zu erfahren.

(1) FC Bayern
(2) Olympiastadion München
(3) Spiel gegen Frankfurt
(4) Samstag, 15:30 Uhr
(5) gute Leistung · hoher Sieg (6:3, Torschützen; Torfolge, ...)
(6) Tabellenführer
(7) Begeisterung · Freude · Hochgefühl · Mitgefühl für die Verlierer

2. Schritt: Reportage schreiben

Eine Reportage zeichnet sich durch eine stimmungsvolle und lebendige sprachliche Gestaltung aus. Verwende deshalb die **wörtliche Rede,** sogenannte **O-Töne** (Originaltöne). Personen, die selbst am Ereignis teilgenommen haben, kommen so zu Wort. Sie geben die Stimmung besonders gut wieder.

Zuschauer nach dem Abpfiff: „Das ist der helle Wahnsinn, so etwas habe ich noch nie erlebt".

Auch durch die Vermittlung von **Hintergrundinformationen** wird der Leser am Geschehen beteiligt und kann die am Schauplatz herrschende Atmosphäre gut nachvollziehen. Dies sind Angaben

- zum Ort des Geschehens (1),
- zu den beteiligten Personen (2),
- zum Wetter (3) usw.

(1) geschichtsträchtiger Boden; hier, wo schon ...
(2) nach der Überwindung seiner schweren Verletzung
(3) Petrus hatte ein Einsehen

Wähle für die **anschauliche Schilderung** des Schauplatzes und des Geschehens außerdem:

- treffende Verbformen (1),
- anschauliche Adjektive und Vergleiche (2) sowie
- die Zeitform des Präsens.

(1) die Spieler zaubern auf dem Rasen · die Zuschauer toben vor Begeisterung
(2) hochklassig · rasant · unbeschreiblich · wie ein Blitz aus heiterem Himmel · Jahrhundertspiel

Kommentar

Der Kommentar ist eine **persönliche oder kritische Stellungnahme** zu einem bestimmten Thema oder zu einer bestimmten Fragestellung. Die Sachinformation tritt ganz in den Hintergrund. Denn man geht davon aus, dass der Leser durch Berichte und Reportagen über den Sachstand weitgehend informiert ist.

mögliche Themen: €uro = T€uro? · Globalisierung – Segen oder Fluch?

1. Schritt: Argumente sammeln

Kommentieren heißt gewöhnlich argumentieren. Wer einen Standpunkt vertritt, will damit andere überzeugen. Deshalb müssen zunächst Argumente, d. h. Aussagen, die die eigene Meinung stützen, gesammelt werden.
Das können sein:

- Expertenmeinungen oder Statistiken (1),
- allgemein anerkannte Grundsätze (2),
- weitverbreitete Erfahrungen (3) oder
- Einzelbeispiele (4).

(1) statistisches Bundesamt: keine messbare Verteuerung durch den Euro
(2) Das Vertrauen zur europäischen Integration ist auch abhängig von der Geldwertstabilität.
(3) In vielen Bereichen sind Waren und Dienstleistungen teurer geworden.
(4) Das Brot beim Bäcker um die Ecke ist seit der Einführung des Euro deutlich teurer geworden.

2. Schritt: Argumente gliedern

- In der **Einleitung** wird das Thema möglichst zugespitzt, auch provokativ, umrissen (1).
- Den **Hauptteil** bildet die auf die oben genannten Argumente gestützte Stellungnahme (2).
- Der **Schluss** bringt die Meinung des Kommentators noch einmal auf den Punkt. Er hat oft **Appellfunktion,** d. h., er fordert die im Text Kritisierten (Politiker, Trainer usw.) oder die Leser zur Veränderung ihrer Haltung oder ihres Handelns auf (3).

(1) Breitet sich durch die Einführung des Euro Armut in Deutschland aus?
(2) Euro ist grundsätzlich gut, aber viele haben versucht, aus der Umstellung Kapital zu schlagen
(3) Appell, verstärkt Preise zu vergleichen

3. Schritt: Kommentar schreiben

Der Kommentar stellt eine Meinungsäußerung dar. Verwende deshalb wertende Ausdrücke (1) sowie emotional gefärbte Wörter und Wortfolgen (2).
Verwende das **Präteritum,** wenn du über Geschehenes informierst, und das **Präsens,** wenn du erläuterst oder wertest. Achte auf eine **abwechslungsreiche Sprache:**

- Ausrufe – Auslassungen (3),
- rhetorische Fragen (4),
- Vergleiche und Sprachbilder (5),
- geflügelte Worte und Zitate (6),
- Sprachspiel, Wortwitz, Ironie (7).

(1) beinahe schon kriminell
(2) Euro-Abzocker
(3) „Oh, ihr armen Restaurantbesitzer!“
(4) Wohin soll das noch führen?
(5) reich sein wie Rockefeller
(6) Schäfchen ins Trockene bringen
(7) und im nächsten Urlaub: nicht mehr *einmal* Rom, sondern *zweimal* zum Italiener an der Ecke

Journalistische Textformen im Überblick

Nachricht
Erweiterung der Meldung (↑ S. 74 f.). Die näheren Umstände eines aktuellen Geschehens werden in knapper Form mitgeteilt.

Nach einer Studie nutzen über 70 Prozent der Bevölkerung ein Mobiltelefon regelmäßig. Vor allem Jugendliche kommunizieren fast ausschließlich mit dem Handy. Die meisten dieser Altersgruppe schreiben sogenannte „Short Messages", kurz SMS.

Tatsachenbetonte Textformen

Bericht
Die Nachricht wird um interessante Einzelheiten sowie Eindrücke und Meinungen von Beteiligten erweitert.

Gestern legte das Marktforschungsinstitut „MediDat" aktuelle Zahlen zur Nutzung von Mobiltelefonen vor. In der Studie wird die rasante Zunahme von SMS-Nachrichten bei Jugendlichen ab einem Alter von 13 Jahren herausgestellt. Besonders Deutschlehrern geben diese Ergebnisse Anlass zu Besorgnis, denn mehr als jeder zehnte 13- bis 17-Jährige hat der Studie zufolge erhebliche Probleme mit der deutschen Sprache.

Interview
In einem Frage-Antwort-Gespräch werden Informationen aus erster Hand geliefert.

Frage: „Immer mehr Jugendliche kommunizieren nur noch per SMS. Glauben Sie, dass die korrekte Beherrschung der deutschen Sprache darunter leidet?"

Antwort: „Nicht unbedingt, da können die Jugendlichen endlich lernen, sich knapp und präzise auszudrücken."

Reportage
In diese subjektiv geprägte, anschaulich wirkende Textform fließen Beobachtungen und Empfindungen ein.

Im Abteil der 2. Klasse ist es um diese frühe Uhrzeit erstaunlich still. Als ich vor zwei Jahren diese Strecke regelmäßig fuhr, war die Fahrt von dem lauten Kreischen und Lachen der Schulkinder geprägt. Doch heute wirkt das Abteil wie verlassen, obwohl alle Plätze belegt sind. Nur ein Piepsen dringt an mein Ohr …

Kommentar
Diese Stellungnahme zu einem Geschehen ist informativ und oft zugleich pointiert, meinungsbetont und appellativ.

Unsere Jugend schreibt wieder. Nach der PISA-Studie endlich eine gute Nachricht aus den Schulen. Und trotzdem gibt es bereits Lehrer, die sich darüber aufregen. Wieso? Vielleicht, weil es ausgerechnet SMS sind, die die Schreiblust wecken. Welche Nachrichten die Kids verschicken, bleibt ihr Geheimnis. Buchbesprechungen werden es wohl nicht sein. Dafür ist das Handy doch ungeeignet … Zum Glück gibt's E-Mail!

Meinungsbetonte Textformen

Glosse
Dieser witzige oder ironische Kurzkommentar mit prägnanten Formulierungen, Vergleichen u. Ä. hat einen kritischen Grundton.

Ich kann meinem Mathelehrer von damals nachfühlen, wie es in seinem Innersten, weit unter seinem graubraunen Strickpulli ausgesehen haben muss, als er uns mit glänzenden Augen in die Geheimnisse des Taschenrechners einweihte. Mit der gleichen Ehrfurcht betrachte ich jeden Morgen mein Handy: Ist es noch geladen? Hat es noch Netz? Und dann erlebe ich, wie sich Teenies über dieses Wunder der Technik hermachen: 4 x 7, 1 x 6 und 4 x 7. Das ist die Zauberformel der „Generation SMS“…

10 Erörterung

Die Erörterung ist eine **schriftliche Form der Argumentation.** Mit ihr wird das Für und Wider eines Sachverhaltes, einer Fragestellung oder eines Problems abgewogen.

Freie Erörterung

In dieser Erörterungsform wird ein Thema in all seinen Facetten behandelt. Es geht also um die Gegenüberstellung von Argumenten und die Begründung der eigenen Meinung.

Beispiel:
Mit Freunden ins Zeltlager oder mit den Eltern in den Urlaub?

1. Schritt: Argumente sammeln

Stelle Pro- und Kontra-Argumente gegenüber:

Pro-Argumente		**Kontra-Argumente**
Für das Zeltlager spricht:		Gegen das Zeltlager spricht:
■ größere Freiheit für die Jugendlichen	↔	■ möglicherweise größere Gefahren durch fehlende Aufsicht und Kontrolle
■ mehr und bessere Freizeitmöglichkeiten	↔	■ höhere Kosten als Familienurlaub

2. Schritt: Gliederung

Die **Einleitung** beinhaltet
- eine **These,** die in Form einer Behauptung oder Empfehlung zu einer Frage Stellung bezieht, oder
- eine **Ausgangsfrage,** die ein allgemeines Problem formuliert.

Ein Jugendzeltlager ist dem Urlaub mit den eigenen Eltern in jedem Fall vorzuziehen.

Im **Hauptteil** muss man zu dieser Ausgangsfrage **Stellung beziehen** oder die aufgestellte **These begründen.** Dies geschieht mit verschiedenen **Argumenten,** z. B.:
- eigene Meinung (1),
- Expertenmeinungen (2),
- allgemein anerkannte Tatsachen, Normen und Regeln (3).

Einzelbeispiele (4) können dazu dienen, die Argumente zu stützen.

(1) Familienurlaub ist langweilig.
(2) Aus pädagogischer Sicht ...
(3) Selbstständigkeit ist für Jugendliche heute enorm wichtig.
(4) Horst war immer mit seinen Eltern in Urlaub, er kann noch nicht einmal seinen Koffer packen.

Im **Schlussteil** wird die abschließende Meinung formuliert. Man nimmt die Ausgangsfrage oder These noch einmal auf, man fasst die wesentlichen Argumente knapp zusammen und verfasst eine **persönliche Stellungnahme.** Je besser diese begründet ist und je pointierter sie formuliert ist, desto wirkungsvoller ist die Erörterung.

Das wichtigste Argument ist meines Erachtens, dass ein Jugendzeltlager die Selbstständigkeit der Jugendlichen fördert. Deshalb bin ich der Meinung, …

Lineare (steigernde) Erörterung schreiben

Man ordnet die Argumente nach ihrer Wichtigkeit, d. h.:

- Welche Argumente können gut überzeugen?
- Welche sind eher schwach?

Die Argumentation erzielt ihre größte Wirkung, wenn die einzelnen Argumente immer einsichtiger und schlagkräftiger werden.
Aufgepasst: Eine gute Argumentation hängt nicht unbedingt von der Anzahl der Argumente ab. Auf schwache und anfechtbare Begründungen sollte man deshalb lieber verzichten.

eher schwache Argumente: persönliche Meinung · Einzelbeispiele
besser: allgemein anerkannte Tatsachen und Normen
sehr gut: Expertenmeinungen

schwaches Argument
Familienurlaub ist langweilig.

gutes Argument
Selbstständigkeit ist für Jugendliche wichtig.

das beste Argument
Aus pädagogischer Sicht gibt es zur Förderung des Sozialverhaltens von Jugendlichen nichts Besseres als …

Praxistipp: Argumentiere im **Hauptteil sachlich.** Die **These und** die **Schlussfolgerung** dagegen dürfen ruhig ein bisschen **zugespitzt** und **provokativ** formuliert sein.

Pro-Kontra-Erörterung schreiben

Diese Erörterung, auch kontroverse Erörterung genannt, **wägt zwei Meinungen** oder Standpunkte **gegeneinander ab.**

Vorteile **und** Nachteile des Jugendzeltlagers

Nach der Stoffsammlung (↑ S. 82) formuliert man den **Einleitungssatz** der Erörterung. Er enthält die **Ausgangsfrage.**

Bald sind wieder Sommerferien, wie in jedem Jahr werden sich viele Jugendliche fragen, ...

Im **Hauptteil** führt man die **Pro- und Kontra-Argumente** auf.
Für die Bewertung der Argumente in „schwach“ und „überzeugend“ gilt Ähnliches wie bei der linearen Erörterung (↑ S. 84).
Die Argumente werden
- direkt gegeneinander oder
- in zwei Blöcken nacheinander abgewogen (↑ S. 82).

direktes Abwägen: Man hat mehr Freiheiten, muss aber auch Küchendienst usw. machen.

Die **Schlussfolgerung** am Ende der Erörterung fasst die wesentlichen Argumente erneut knapp zusammen und endet mit einer **persönlichen Stellungnahme.**

Beide Möglichkeiten haben, wie die Argumentation gezeigt hat, Vor- und Nachteile. Für mich gibt's trotz allem nur eine Entscheidung: das Zeltlager, und das vor allem, weil …

Textgebundene Erörterung

Bei der textgebundenen Erörterung setzt man sich argumentativ mit dem Inhalt eines oder mehrerer Texte auseinander und stützt oder entkräftet darin vorgegebene Meinungen oder Behauptungen. Möglich sind die lineare und die Pro-Kontra-Erörterung (↑ S. 84 f.).

Beispiel:
Erörtere auf der Grundlage des vorliegenden Textes, ob Schaulustigen, die die Rettungsarbeit bei Unfällen behindern, ein Bußgeld angedroht werden soll.

Bußgeld für Schaulustige?

Es ist leider schon fast ein tägliches Phänomen: Polizei und Rettungsdienste werden bei schweren Unfällen durch Schaulustige behindert. Und das, obwohl oft wenige Minuten über Leben und Tod entscheiden. Angetrieben von der Gier zu gaffen, setzt bei schweren Unfällen ein wahrer Katastrophentourismus ein – und die Anfahrtswege für die Rettungsfahrzeuge sind innerhalb kürzester Zeit blockiert.

Ich möchte in derartigen Fällen nicht gleich nach einer neuen Form der Strafe rufen. Vielmehr möchte ich dem Voyeurismus am Unfallort mit polizeilicher Überzeugungsarbeit begegnen.

Wenn dies allerdings nichts hilft, müssen andere Mittel herangezogen werden. Es kann und darf nicht akzeptiert werden, dass Gaffer Rettungseinsätze behindern und damit Menschenleben gefährden.

Die Polizei soll den Gaffern nicht sofort mit einem Bußgeld entgegentreten, sondern sie, wenn sie Rettungsarbeiten behindern, dazu auffordern, den Unfallort zu räumen. Kommen sie dieser Aufforderung nicht nach, muss ein Bußgeld erhoben werden, und zwar in dreistelliger Höhe.

1. Schritt: Text verstehen und markieren

Lies den Text genau durch, schlage unklare Wörter und Begriffe im Wörterbuch oder Fremdwörterlexikon nach und nummeriere die Zeilen. Notiere dann mithilfe von Textmarkern oder Bleistiftnotizen zentrale Aussagen und verschaffe dir einen **Überblick** über

- das Thema (1),
- die Gliederung des Textes (2),
- die Position des Autors (3),
- die wesentlichen Argumente (4).

Für die weitere Bewertung ist außerdem wichtig,

- welche Textart vorliegt (5) und
- in welcher Sprache/in welchem Ton (6) der Text formuliert ist.

(1) Bußgeld für Schaulustige?
(2) 4 Absätze
(3) differenziertes Vorgehen notwendig, Bußgeld als letztes Mittel
(4) Schaulustige behindern die Rettungsarbeit und gefährden Menschenleben
(5) Zeitungsartikel
(6) weitgehend nüchterner Ton

2. Schritt: Argumentationsstruktur analysieren

Es geht darum herauszuarbeiten, wie der Autor seine Position begründet und wie er versucht, von seiner Meinung zu überzeugen.
Leitfragen sind:

- Wie ist der Text aufgebaut (1)?
- Welche **inhaltlichen Schwerpunkte** setzt der Autor (2)?

(1) Wechsel zwischen allgemeinen Aussagen und persönlicher Stellungnahme: Es ist … · Ich möchte …
(2) Gefährdung von Leben · Rettungsarbeit

3. Schritt: Argumentation bewerten

Leitfragen sind:

- Wie viele Argumente führt der Autor an (1)?
- Sind die Argumente, die der Autor benutzt, schwach oder überzeugend (2)? (↑ S. 84)
- Arbeitet der Autor mit Beispielen und sind diese aussagekräftig (3)?
- Sind These und Schlussfolgerung gut begründet (4)?
- Welche Fragen bleiben offen (5)?

(1) relativ wenige
(2) zahlreiche Behauptungen und persönliche Sichtweisen, wenig exakte Daten, Fakten, Expertenmeinungen
(3) keine konkreten Beispiele
(4) keine überzeugende Begründung
(5) Ist die Androhung eines Bußgelds ein geeignetes Mittel, dieses Problem zu lösen? Wie soll das in der Praxis funktionieren?

4. Schritt: Meinung bilden

Nach der Analyse und Bewertung der Argumentation musst du dir schließlich eine eigene Meinung bilden. Dabei können zusätzliche Informationen hilfreich sein, z. B.:

- weitere Texte,
- im Unterricht erarbeitete Ergebnisse,
- Expertenmeinungen usw.

Der Autor hat zwar recht, wenn er das „Gaffen“ als ernstes Problem bezeichnet, seine Argumentation für die Androhung eines Bußgelds ist aber nicht sehr überzeugend …

5. Schritt: Strukturierte Erörterung schreiben

- Die Erörterung beginnt mit einem **Einleitungssatz** (1), in dem Autor, Textart sowie Titel und Thema des Textes genannt werden.

- Im zweiten Abschnitt gibt man zunächst die **Position des Autors** (2) mit eigenen Worten wieder. Die Ausführungen werden mit Textverweisen oder Zitaten belegt. *Aufgepasst:* Dabei sollten nur zentrale Wendungen wörtlich zitiert werden (↑ S. 72 f.).

- Anschließend fasst man die **Ergebnisse der Argumentationsanalyse** (3) knapp zusammen.

- Die **Bewertung der Argumentation** und eine **eigene Stellungnahme** (4) zu dem Problem schließen die Erörterung ab.

(1) Im Artikel „Bußgeld für Schaulustige“ bezieht (Name) Position zur Frage, ...
(2) Der Autor plädiert für ein gestuftes Vorgehen ...
(3) Der Verfasser argumentiert, indem er zwischen eher allgemeinen Behauptungen und persönlichen Stellungnahmen wechselt. Dabei lässt er wesentliche Aspekte unberücksichtigt.
(4) Meines Erachtens hat der Autor zu wenig über die praktische Umsetzung seines Vorschlags nachgedacht. Sollen Polizisten am Unfallort erst Personalien aufnehmen, bevor sie den Verletzten helfen?

Behalte bei allen Aufsatzformen immer im Blick:
- den sinnvollen Aufbau oder den Gedankengang sowie
- den sprachlichen Ausdruck.

Erzählende Texte

Überlege dir zum **Aufbau oder Gedankengang** bei
- Fantasie- oder Traumgeschichten,
- Erlebnis- oder Abenteueraufsätzen,
- Bildergeschichten,
- Fortsetzungsgeschichten,
- bei der Ausgestaltung des Erzählkerns und
- bei der Nacherzählung

Folgendes:

Einleitung:
Hast du Ort, Zeit, Personen und das Thema deines Aufsatzes genannt?

Hauptteil:
Steigert sich die Handlung, gibt es einen Höhepunkt, von dem du besonders detailliert erzählst?

Schluss:
Hast du auf einen interessanten und pfiffig gestalteten Schluss geachtet oder bricht der Text einfach irgendwie ab?

Frage dich beim **sprachlichen Ausdruck,** durch welche Mittel du deinen Text abwechslungsreicher, anschaulicher, lebendiger, spannender usw. gestalten kannst.

- Verwendest du Adjektive, treffende Verben sowie anschauliche Vergleiche und Sprachbilder?
- Vermeidest du Wortwiederholungen und verwendest du einen abwechslungsreichen Satzbau?

Interpretationsaufsätze und Erörterungen

Frage dich bei diesen Aufsatzformen in Bezug auf **Aufbau oder Gedankengang** immer Folgendes:

Einleitung:
Hast du Titel, Textart, Autor und Thema des Textes genannt?

Hauptteil:
- Hast du alle Notizen (deines Stichwortzettels) überprüft und alle wesentlichen Aspekte genannt?
- Ist ein roter Faden zu erkennen?
- Sind deine einzelnen Gedanken gut strukturiert und sind sie auch für den Leser logisch nachvollziehbar?
- Hast du deine Deutung und Meinung gut begründet und mit Textverweisen oder Zitaten belegt? Stehen die Zitate in Anführungszeichen und hast du bei Textverweisen auf die Fundstelle verwiesen?

Schluss:
Ergeben deine Einzelbeobachtungen ein Gesamtbild und hast du sie zu einer klaren und gut begründeten Position zusammengefasst?

Achte **beim sprachlichen Ausdruck** darauf, dass du deine Meinung klar herausarbeitest und begründest. Verdeutliche logische Zusammenhänge z. B. durch folgende sprachliche Mittel:

Argument	**Beweis/Beispiel**	**Folgerung**
↓	↓	↓
da · weil · denn · nämlich · deswegen	sodass · wie · damit · weil · beispielsweise	daher · somit · demnach · also · entsprechend

10

Lies deinen Aufsatz vor dem Abgeben noch einmal gründlich durch und beachte folgende Fehlerquellen.

Fehler bei der Zeichensetzung vermeiden

Zeichensetzung bei wörtlicher Rede:
Die wörtliche Rede steht immer in Anführungszeichen. Der vorangestellte Redebegleitsatz wird mit Doppelpunkt von der wörtlichen Rede abgetrennt.

Peter sagt**: „**Mir reicht's, ich gehe nach Hause!**"**

Der nachgestellte oder eingefügte Redebegleitsatz wird immer mit Komma von der wörtlichen Rede abgetrennt.

„Mir reicht's"**,** sagt Peter**,** „ich gehe nach Hause!"

Aufgepasst: Ausrufezeichen und Fragezeichen in der wörtlichen Rede bleiben erhalten. Bei einem Aussagesatz fällt der Punkt weg.

„Mir reicht's, ich gehe nach Hause**!**", sagt Peter.
„Es ist schon spät", sagt die Mutter.

Komma zwischen Hauptsatz und Nebensatz:
In Satzgefügen (Verbindungen zwischen Haupt- und Nebensätzen) steht immer ein Komma.
Nebensätze erkennt man meistens daran, dass die **Personalform des Verbs** an letzter Stelle steht.

Weil Peter genug hat, geht er nach Hause.
Peter sagt, **dass er nach Hause geht.**
Warum Peter genug hat, sagt er nicht.

Aufgepasst: Denk auch an die Kommas bei **Aufzählungen** und bei **Texteinschüben** und vermeide **Konzentrations- und Flüchtigkeitsfehler!**

- Hast du Satzzeichen oder Buchstaben vergessen?
- Fehlen eventuell ganze Wörter?
- Hast du einzelne Wörter doppelt geschrieben?

Fehler bei der Rechtschreibung vermeiden

Groß- und Kleinschreibung:
Substantive, Satzanfänge und Eigennamen werden großgeschrieben.
Aufgepasst: Auch substantivierte Wörter werden großgeschrieben.

beim **S**chwimmen · etwas **G**utes

Konsonantenverdopplung nach Kurzvokalen:
Nach einem kurz gesprochenen Vokal folgen meistens zwei Konsonanten.
Aufgepasst: Achte auf die Ausnahmen!

in · im · bin · bis

Schreibung der s-Laute:
Der stimmhafte (weiche) s-Laut wird immer nur mit **s** geschrieben.

Ho**s**e · Wie**s**e · ra**s**en

Der stimmlose (scharfe) s-Laut

- wird nur mit **s** geschrieben, wenn er am Wortende steht und die Verlängerung des Wortes stimmhaft gesprochen wird,

Gla**s** – Glä**s**er

- wird mit **ss** geschrieben, wenn ein kurzer Vokal vorausgeht,

Wa**ss**er · Flu**ss** · pa**ss**en · fa**ss**t

- wird mit **ß** geschrieben, wenn ein langer Vokal oder Diphthong vorausgeht.

au**ß**en · Fu**ß** · gie**ß**en

dass – das:

- Der Artikel *das* begleitet ein Substantiv.

Das Haus in der Toskana ist ein echter Traum.

- Das Relativpronomen *das* leitet einen Relativsatz ein.

Unser Haus, **das** in der Toskana steht, ist ein Traum.

- Die Konjunktion *dass* leitet einen Konjunktionalsatz ein.

Ich sage euch, **dass** das Haus ein Traum ist.

Testfragen

Hier kannst du testen, wie gut du dich mit den verschiedenen Aufsatzarten auskennst. Zu jeder Frage gibt es genau *eine* richtige Antwort. Wenn du unsicher bist oder mehr wissen möchtest, zeigen dir die Seitenverweise am Rand, wo du ausführlichere Informationen findest. Die Lösungen stehen auf Seite 109. Du kannst die Fragen auch als Lernquiz auf dein Handy herunterladen; wie das geht, steht auf der vorderen Umschlagklappe.

Schwierigkeitsgrad: einfach

↑S. 6 **1** Worum geht es bei der Aufgabenstellung *Erzählkern ausgestalten*?

☐ a) Um das Schreiben einer Traumgeschichte.
☐ b) Um das Nacherzählen einer Geschichte.
☐ c) Um das Ausgestalten einer kurzen Information.

↑S. 28 **2** Womit beginnt bei einer Personenbeschreibung üblicherweise die Darstellung der besonderen Merkmale?

☐ a) Mit der Beschreibung der Kleidung.
☐ b) Mit der Beschreibung des Kopfes.
☐ c) Mit der Beschreibung des Gesamteindrucks.

↑S. 26 **3** Was fehlt hier? Die ... gibt sprachlich wieder, was auf einem Gemälde zu sehen ist.

☐ a) Bildergeschichte.
☐ b) Inhaltsangabe.
☐ c) Bildbeschreibung.

↑S. 12 **4** Was gehört nicht in die Einleitung eines Abenteueraufsatzes?

☐ a) Welche Personen vorkommen.
☐ b) Wann die Geschichte spielt.
☐ c) Wie die Geschichte endet.

5 Was gilt für den Inhalt einer Nacherzählung? Es dürfen ... ↑S. 19

- ☐ a) neue Personen hinzugefügt werden.
- ☐ b) keine neuen Personen hinzugefügt werden.
- ☐ c) Wertungen und Meinungen geäußert werden.

6 Was steht bei der Gebrauchsanweisung im Vordergrund? ↑S.24

- ☐ a) Das Aussehen eines Gegenstands.
- ☐ b) Die Funktion eines Gegenstands.
- ☐ c) Die Angabe der Form eines Gegenstands.

7 Was ist bei einer Vorgangsbeschreibung eine sinnvolle Reihenfolge? ↑S. 31

- ☐ a) Vom Ungewöhnlichen zum „Normalen“.
- ☐ b) Vom Vordergrund zum Hintergrund.
- ☐ c) Die chronologische Reihenfolge.

8 Was ist bei einer Fortsetzungsgeschichte vorgegeben? ↑S. 8

- ☐ a) Das Ende einer Geschichte.
- ☐ b) Der mittlere Teil einer Geschichte.
- ☐ c) Der Anfang einer Geschichte.

9 Die Gegenstandsbeschreibung steht immer im ... ↑S. 23

- ☐ a) Präteritum.
- ☐ b) Perfekt.
- ☐ c) Präsens.

10 Was ist der erste Schritt beim Verfassen einer Bildergeschichte? ↑S. 4

- ☐ a) Informationen ergänzen.
- ☐ b) Bilder betrachten und Notizen anfertigen.
- ☐ c) Gliederung erstellen und Aufsatz schreiben.

11 Wodurch wird ein Text lebendiger und für den Leser interessanter? Durch ... ↑S. 13

- ☐ a) die Verwendung der wörtlichen Rede.
- ☐ b) die Verwendung umgangssprachlicher Ausdrücke.
- ☐ c) die Verwendung einer sachlichen Sprache.

↑ S. 31
12 Wann gilt: Man verwende eine sachliche Sprache?
- ☐ a) Bei Erzählungen.
- ☐ b) Bei Beschreibungen.
- ☐ c) Bei Nacherzählungen.

↑ S. 7
13 Welche Erzählperspektive schafft einen größeren Abstand zwischen Erzähltem und Lesendem?
- ☐ a) Die Ich-Perspektive.
- ☐ b) Die Er-Perspektive.
- ☐ c) Die Du-Perspektive.

↑ S. 66
14 Das Ziel eines Berichts ist die …
- ☐ a) klare und sachliche Information.
- ☐ b) wertende Information.
- ☐ c) persönlich gefärbte Information.

↑ S. 5
15 Was gilt für das Schreiben einer Bildergeschichte?
- ☐ a) Einen Absatz für jedes Bild schreiben.
- ☐ b) Eine Seite für jedes Bild schreiben.
- ☐ c) Keine Absätze zwischen den Bildern setzen.

↑ S. 9
16 Was gehört in den Schluss einer Fortsetzungsgeschichte?
- ☐ a) Die Einzelheiten zu den beteiligten Personen.
- ☐ b) Die Auflösung der Spannung.
- ☐ c) Ort und Zeit der Geschichte.

↑ S. 11
17 Welches Tempus verwendet man üblicherweise für eine Fantasie- oder Traumgeschichte?
- ☐ a) Präsens.
- ☐ b) Perfekt.
- ☐ c) Präteritum.

↑ S. 70
18 Bei welcher Form der Redewiedergabe werden Wörter oder Sätze völlig unverändert übernommen?
- ☐ a) Textparaphrase.
- ☐ b) Indirekte Rede.
- ☐ c) Wörtliche Rede.

19 Zu welcher Textform gehören Raum- und Landschaftsbeschreibungen? ↑S. 22

☐ a) Zur Gegenstandsbeschreibung.
☐ b) Zur Bildbeschreibung.
☐ c) Zur Vorgangsbeschreibung.

20 Welche sprachliche Form verwendet man *nicht* für eine Gebrauchsanweisung? ↑S. 25

☐ a) Die du-Form.
☐ b) Die man-Form.
☐ c) Neutrale Formulierungen im Infinitiv.

21 Was soll eine Personenbeschreibung wiedergeben? ↑S. 29

☐ a) Die typischen Merkmale einer Person.
☐ b) Jedes Detail.
☐ c) Die wörtliche Rede.

22 Fantasie- oder Traumgeschichten müssen ... ↑S. 10

☐ a) sich nicht an der Wirklichkeit orientieren.
☐ b) sich an der Wirklichkeit orientieren.
☐ c) vor allem realistisch sein.

23 Was gehört in die Einleitung eines Berichts? ↑S. 67

☐ a) Die Hintergründe des Ereignisses.
☐ b) Der Verlauf des Geschehens.
☐ c) Ein knapper Überblick über das Ereignis.

24 Was gehört beim Verfassen einer Beschreibung zu einer sachlichen Sprache? ↑S. 31

☐ a) Wortwiederholungen.
☐ b) Beschreibende Adjektive.
☐ c) Persönliche Deutungen.

25 In der Einleitung einer Fantasie- oder Traumgeschichte ... ↑S. 11

☐ a) wird das Hauptthema vorgestellt.
☐ b) werden die Hauptfiguren vorgestellt.
☐ c) führt man zum Höhepunkt der Geschichte hin.

↑ S. 18
26 Bei der Nacherzählung gibt man den Handlungsablauf ...
- ☐ a) hauptsächlich mit Zitaten wieder.
- ☐ b) mit eigenen Worten wieder.

↑ S. 19
27 Gehören Wertungen und Meinungen in eine Nacherzählung?
- ☐ a) Manchmal ja, manchmal nein.
- ☐ b) Ja.
- ☐ c) Nein.

↑ S. 15
28 In welchem Teil eines Textes geht es darum, möglichst viel und in allen Einzelheiten zu erzählen?
- ☐ a) In der Einleitung.
- ☐ b) Im Schluss.
- ☐ c) Im Hauptteil.

↑ S. 27
29 Was gehört in den Schlusssatz einer Beschreibung eines künstlerischen Bildes?
- ☐ a) Die Zusammenfassung des Gesamteindrucks.
- ☐ b) Die grundlegenden Informationen zum Werk.
- ☐ c) Die Entstehungszeit und die Maltechnik.

↑ S. 7
30 Was versteht man unter *äußerer Handlung?*
- ☐ a) Das tatsächliche Geschehen.
- ☐ b) Die Gedanken der Figuren.
- ☐ c) Die Gefühle der Figuren.

↑ S. 53
31 Welche Erzählperspektive liegt hier vor? *Er besaß in einem Dorfe, das noch seinen Namen trägt ...*
- ☐ a) Die Er-/Sie-Perspektive.
- ☐ b) Die Ich-Perspektive.

↑ S. 67
32 In welcher Zeitform wird ein Bericht in der Regel geschrieben?
- ☐ a) Im Präteritum.
- ☐ b) Im Präsens.
- ☐ c) Im Perfekt.

33 Gehören Hinweise zur Pflege in eine Gebrauchsanweisung für ein technisches Gerät? ↑S. 25

- ☐ a) Nein.
- ☐ b) Ja.

Schwierigkeitsgrad: mittel

34 Bei Nacherzählungen benutzt man meist ... ↑S. 36

- ☐ a) das Tempus der Vorlage.
- ☐ b) das Präteritum.
- ☐ c) das Plusquamperfekt.

35 Wie nennt man die kürzeste Form einer Nachricht? ↑S. 74

- ☐ a) Bericht.
- ☐ b) Meldung.
- ☐ c) Reportage.

36 Was liefert ein journalistischer Bericht? ↑S. 75

- ☐ a) Knappe Informationen über ein Ereignis.
- ☐ b) Detaillierte Informationen über ein Ereignis.

37 Für die sprachliche Gestaltung einer Schilderung gilt: Man wählt eine ... ↑S. 65

- ☐ a) subjektive, persönlich gefärbte Sprache.
- ☐ b) klare, sachliche Sprache.
- ☐ c) Beides ist möglich.

38 Für ein Protokoll können verwendet werden: das Präsens und ... ↑S. 68

- ☐ a) das Perfekt.
- ☐ b) das Präteritum.
- ☐ c) das Plusquamperfekt.

39 Was soll über eine Reportage vermittelt werden? ↑S. 76

- ☐ a) Sachinformationen.
- ☐ b) Persönliche Eindrücke.
- ☐ c) Beides.

↑S. 77 **40** Was versteht man unter O-Tönen?
- ☐ a) Offizielle Töne.
- ☐ b) Open-Air-Töne.
- ☐ c) Originaltöne.

↑S. 51 **41** Was steht am Anfang einer Interpretation erzählender Texte?
- ☐ a) Eine kurze Inhaltsangabe.
- ☐ b) Aussagen zur Erzählperspektive.
- ☐ c) Aussagen zur Erzähltechnik.

↑S. 72 **42** Bei welcher Form der Inhaltswiedergabe muss man die Textaussage in Anführungszeichen setzen?
- ☐ a) Bei der Verwendung von Zitaten.
- ☐ b) Bei Textverweisen.
- ☐ c) Bei Textparaphrasen.

↑S. 34 **43** Die Inhaltsangabe steht immer im ...
- ☐ a) Präsens.
- ☐ b) Perfekt.
- ☐ c) Präteritum.

↑S. 64 **44** Was stellt eine Schilderung dar?
- ☐ a) Eine Fantasie- oder Traumgeschichte.
- ☐ b) Ein wirkliches Ereignis oder Erlebnis.
- ☐ c) Die Beschreibung eines Gegenstands.

↑S. 78 **45** Aussagen, die eine Meinung stützen, bezeichnet man als ...
- ☐ a) Kommentierungen.
- ☐ b) Vergleiche.
- ☐ c) Argumente.

↑S. 37 **46** Um den Höhepunkt einer im Präteritum erzählten Geschichte noch interessanter zu gestalten, ...
- ☐ a) kann man das Plusquamperfekt verwenden.
- ☐ b) kann man zum Präsens wechseln.
- ☐ c) kann man zum Perfekt wechseln.

47 Was bildet den Hauptteil eines Kommentars? ↑S. 79

- ☐ a) Die zugespitzte Meinung des Kommentators.
- ☐ b) Die auf Argumente gestützte Stellungnahme.
- ☐ c) Das knappe Umreißen des Themas.

48 Die Analyse und die Deutung formaler und inhaltlicher Besonderheiten gehören zu einer ... ↑S. 38

- ☐ a) Interpretation.
- ☐ b) Inhaltsangabe.

49 Unter dem Begriff *Epik* werden verschiedene erzählende Textformen zusammengefasst. Die Novelle ... ↑S. 50

- ☐ a) gehört zu den kleinen Formen.
- ☐ b) gehört zu den mittleren Formen.
- ☐ c) gehört zur epischen Großform.

50 Welche Zeitform wirkt direkter und eignet sich daher besser für eine Schilderung? ↑S. 65

- ☐ a) Präteritum und Plusquamperfekt.
- ☐ b) Präsens und bei Vorzeitigkeit Perfekt.
- ☐ c) Alles ist möglich.

51 Eine Reportage soll bis zum Schluss fesselnd sein. Dazu werden die Informationen ... ↑S. 76

- ☐ a) direkt am Anfang gegeben.
- ☐ b) ganz am Ende gegeben.
- ☐ c) über den Artikel verteilt.

52 Für die Inhaltsangabe gilt: Die grundlegenden Informationen zum Inhalt des Textes werden ... ↑S. 35

- ☐ a) mit Wertungen und Meinungen ausgeschmückt.
- ☐ b) mit Zitaten aus der Vorlage wiedergegeben.
- ☐ c) mit eigenen Worten wiedergegeben.

53 Was gehört in den Schlussteil einer freien Erörterung? ↑S. 83

- ☐ a) Expertenmeinungen.
- ☐ b) Eine persönliche Stellungnahme.

↑S. 75 **54** Wenn ein journalistischer Bericht ausführlich auf die Hintergründe eines Ereignisses eingeht, ...

☐ a) spricht man von einem Tatsachenbericht.
☐ b) spricht man von einem Hintergrundbericht.
☐ c) spricht man von einem ausführlichen Bericht.

↑S. 53 **55** Wenn der Erzähler sich immer wieder wertend in das Geschehen einschaltet, spricht man von einem ...

☐ a) neutralen Erzählverhalten.
☐ b) personalen Erzählverhalten.
☐ c) auktorialen Erzählverhalten.

↑S. 77 **56** In welcher journalistischen Textform wird dem Leser die am Schauplatz herrschende Atmosphäre vermittelt?

☐ a) In der Reportage.
☐ b) In der Meldung.
☐ c) Im Kommentar.

↑S. 69 **57** In welcher Art von Protokoll finden sich Redebeiträge in stichpunktartiger Form?

☐ a) Im Verlaufsprotokoll.
☐ b) Im Ergebnisprotokoll.
☐ c) Im Ereignisprotokoll.

↑S. 69 **58** Welche Art von Protokoll enthält nur wichtige Beschlüsse oder Ergebnisse zu den besprochenen Themen?

☐ a) Das Versuchsprotokoll.
☐ b) Das Ergebnisprotokoll.
☐ c) Das Verlaufsprotokoll.

↑S. 75 **59** Mit welcher Sachinformation beginnt man eine Meldung, wenn der Tatort von besonderem Interesse ist?

☐ a) Wo?
☐ b) Was?
☐ c) Wann?

60 Was gehört unbedingt in einen Fachbericht, zum Beispiel in einen Polizeibericht? ↑ S. 67

- ☐ a) Farbige Vergleiche, wörtliche Reden, Ausrufe.
- ☐ b) Die eigene Meinung.
- ☐ c) Nichts von alledem.

61 Worum geht es bei einer Charakterisierung? ↑ S. 56

- ☐ a) Um alle Eigenschaften einer Figur.
- ☐ b) Um Einzelheiten zur Erzähltechnik.
- ☐ c) Um eine kurze Inhaltsangabe.

62 Was versteht man unter einem Monolog? ↑ S. 44

- ☐ a) Das Zwiegespräch.
- ☐ b) Das Selbstgespräch.
- ☐ c) Die Wechselrede.

63 Das Thema *Gewitter am Meer* könnte das Thema ... ↑ S. 64

- ☐ a) einer Reportage sein.
- ☐ b) eines Berichts sein.
- ☐ c) einer Schilderung sein.

64 Wodurch zeichnet sich eine Reportage aus? ↑ S. 77

- ☐ a) Durch eine sachlich-nüchterne Sprache.
- ☐ b) Durch eine lebendige sprachliche Gestaltung.
- ☐ c) Durch die Wahl schwieriger Wörter.

65 Eine persönliche oder kritische Stellungnahme zu einem bestimmten Thema nennt man ... ↑ S. 78

- ☐ a) Reportage.
- ☐ b) Kommentar.
- ☐ c) Tatsachenbericht.

66 Wenn man einen Kommentar schreiben will, muss man zunächst ... ↑ S. 78

- ☐ a) Argumente sammeln.
- ☐ b) O-Töne sammeln.
- ☐ c) Sachinformationen zusammenstellen.

↑ S. 75 **67** Worauf ist beim journalistischen Bericht zu achten?
- ☐ a) Aktiv statt Passiv.
- ☐ b) Nominalisierungen statt Verben.
- ☐ c) Passiv statt Aktiv.

↑ S. 79 **68** Beim Schreiben eines Kommentars verwendet man das Präteritum, wenn man ...
- ☐ a) erläutert.
- ☐ b) wertet.
- ☐ c) über Geschehenes informiert.

↑ S. 64 **69** Was gilt für die Schilderung? Sie endet mit der ...
- ☐ a) Formulierung eines Gesamteindrucks.
- ☐ b) Beschreibung des chronologischen Ablaufs.
- ☐ c) Darstellung eines sehr bewegenden Moments.

Schwierigkeitsgrad: schwer

↑ S. 44 **70** Wo wird eine Handlung in szenischer Form gestaltet?
- ☐ a) In der Parabel.
- ☐ b) Im Roman.
- ☐ c) Im Drama.

↑ S. 45 **71** Was versteht man beim Drama unter dem Begriff *retardierendes Moment?*
- ☐ a) Die Anbahnung des Konflikts.
- ☐ b) Den Höhepunkt der Handlung.
- ☐ c) Die Verzögerung der Handlung.

↑ S. 81 **72** Welche Textform ist *nicht* tatsachenbetont?
- ☐ a) Der Kommentar.
- ☐ b) Die Nachricht.
- ☐ c) Die Reportage.

↑ S. 39 **73** Bei Gedichten in der Ich-Form wird der Sprecher ...
- ☐ a) als lyrisches Ich bezeichnet.
- ☐ b) mit dem Dichter gleichgesetzt.

74 Was gilt für die Charakterisierung einer literarischen Figur? Die Ausführungen müssen ... ↑ S. 56

☐ a) mit Textverweisen oder Zitaten belegt werden.
☐ b) nicht begründet werden.

75 In welcher Textform wird das Für und Wider eines Sachverhalts oder einer Fragestellung abgewogen? ↑ S. 82

☐ a) In einer Schilderung.
☐ b) In einer Erörterung.
☐ c) In einer Interpretation.

76 Wie lauten die W-Fragen, die man sich beim Schreiben einer Meldung stellt? ↑ S. 74

☐ a) Wer? Was? Wo? Wann?
☐ b) Wer? Was? Wo? Welche Folgen?
☐ c) Wer? Was? Wo? Warum?

77 Wobei handelt es sich um einen Paarreim? ↑ S. 40

☐ a) aabbcc
☐ b) abab
☐ c) abba

78 Was muss der Hauptteil einer freien Erörterung beinhalten? ↑ S. 83

☐ a) Eine Ausgangsfrage.
☐ b) Die abschließende Meinung.
☐ c) Die Begründung einer These.

79 Was gehört bei einer Gedichtinterpretation zur Analyse der Form? ↑ S. 38

☐ a) Das Thema.
☐ b) Die Stimmung.
☐ c) Das Versmaß.

80 Wodurch ist das klassische Drama gekennzeichnet? ↑ S. 44

☐ a) Durch die geschlossene Form.
☐ b) Durch die offene Form.

↑S. 54 **81** Was ist bei der Interpretation erzählender Texte mit *innerer Handlung* gemeint?
- ☐ a) Das sichtbare Geschehen.
- ☐ b) Das hörbare Geschehen.
- ☐ c) Die Gedanken / Stimmungen der Figuren.

↑S. 39 **82** Im Einleitungssatz einer Gedichtinterpretation werden genannt: Textsorte, Titel, Autor und ...
- ☐ a) lautliche Gestaltung.
- ☐ b) Reimschemata.
- ☐ c) Thema.

↑S. 86 **83** Bei welcher Form der Erörterung setzt man sich mit dem Inhalt eines oder mehrerer Texte auseinander?
- ☐ a) Bei der textgebundenen Erörterung.
- ☐ b) Bei der freien Erörterung.

↑S. 52 **84** Immer wiederkehrende Wörter oder Gedanken in einem literarischen Text nennt man ...
- ☐ a) Leitgedanken.
- ☐ b) Leitmotive.

↑S. 40 **85** Was versteht man bei einem Gedicht unter *Metrum?*
- ☐ a) Die Gliederung in Verse und Strophen.
- ☐ b) Die Anordnung sprachlicher Bilder.
- ☐ c) Den Wechsel zwischen Hebungen und Senkungen.

↑S. 42 **86** Mit welchem Begriff bezeichnet man aufeinanderfolgende Wörter mit gleichem Anfangsbuchstaben?
- ☐ a) Klangfolge.
- ☐ b) Alliteration.
- ☐ c) Enjambement.

↑S. 81 **87** Welche journalistische Textform ist meinungsbetont?
- ☐ a) Das Interview.
- ☐ b) Der Bericht.
- ☐ c) Die Glosse.

88 Bei welchem Versmaß gilt: betont – unbetont – unbetont? ↑S. 40

- ☐ a) Jambus.
- ☐ b) Daktylus.
- ☐ c) Anapäst.

89 Treffende Verben, Vergleiche, Sprachbilder und ein abwechslungsreicher Satzbau sind wichtig für ... ↑S. 90

- ☐ a) Interpretationsaufsätze.
- ☐ b) Erörterungen.
- ☐ c) erzählende Texte.

90 *Er ist stark wie ein Löwe* ist ... ↑S. 41

- ☐ a) eine Metapher.
- ☐ b) eine Anapher.
- ☐ c) ein Vergleich.

91 Die klare Herausarbeitung der eigenen Meinung und ihre Begründung sind wichtig für ... ↑S. 91

- ☐ a) Erörterungen und Interpretationsaufsätze.
- ☐ b) Inhaltsangaben.
- ☐ c) Nacherzählungen.

92 Im Hauptteil einer freien Erörterung argumentiert man ... ↑S. 84

- ☐ a) provokativ.
- ☐ b) sachlich.

93 Wenn Wörter oder Wortgruppen am Anfang zweier aufeinanderfolgender Verse wiederholt werden, ... ↑S. 41

- ☐ a) spricht man von einer Anapher.
- ☐ b) spricht man von einer Alliteration.
- ☐ c) spricht man von einer Exposition.

94 Wie nennt man beim klassischen Drama die Einführung in die Situation im ersten Akt? ↑S. 45

- ☐ a) Peripetie.
- ☐ b) Exposition.
- ☐ c) Dénouement.

↑S. 73 **95** Wodurch kann man sich bei der Wiedergabe von Textpassagen sprachlich vom Autor distanzieren?

- ☐ a) Durch distanzierende Zusätze.
- ☐ b) Durch Konjunktiv-II-Formen.
- ☐ c) Durch beides.

↑S. 38 **96** Was gehört bei einer Gedichtinterpretation zur Analyse des Inhalts?

- ☐ a) Die Untersuchung von Sprachbildern.
- ☐ b) Die Situation des lyrischen Ichs.
- ☐ c) Die Untersuchung des Rhythmus.

↑S. 40 **97** Wenn bei einem Gedicht der Satz über das Zeilenende hinausgeht, spricht man vom ...

- ☐ a) Zeilenstil.
- ☐ b) Zeilensprung.
- ☐ c) Hakenstil.

↑S. 89 **98** Was findet sich im zweiten Abschnitt einer textgebundenen Erörterung?

- ☐ a) Die Position des Autors.
- ☐ b) Die eigene Meinung.
- ☐ c) Die Textart und das Thema des Textes.

↑S. 61 **99** Bei der Aufgabenstellung *Parallelgedicht schreiben* soll die äußere Form des Ausgangstextes ...

- ☐ a) beibehalten werden.
- ☐ b) verändert werden.
- ☐ c) Beides ist möglich.

↑S. 70 **100** Bei welcher Form der Redewiedergabe wird der Inhalt der Vorlage mit eigenen Worten formuliert?

- ☐ a) Bei der wörtlichen Rede.
- ☐ b) Bei der Textparaphrase.
- ☐ c) Bei der indirekten Rede.

Lösungen

Einfach		Mittel		Schwer	
1 c)	18 c)	34 a)	52 c)	70 c)	86 b)
2 b)	19 a)	35 b)	53 b)	71 c)	87 c)
3 c)	20 a)	36 b)	54 b)	72 a)	88 b)
4 c)	21 a)	37 a)	55 c)	73 a)	89 c)
5 b)	22 a)	38 b)	56 a)	74 a)	90 c)
6 b)	23 c)	39 c)	57 a)	75 b)	91 a)
7 c)	24 b)	40 c)	58 b)	76 a)	92 b)
8 c)	25 b)	41 a)	59 a)	77 a)	93 a)
9 c)	26 b)	42 a)	60 c)	78 c)	94 b)
10 b)	27 c)	43 a)	61 a)	79 c)	95 c)
11 a)	28 c)	44 b)	62 b)	80 a)	96 b)
12 b)	29 a)	45 c)	63 c)	81 c)	97 b)
13 b)	30 a)	46 b)	64 b)	82 c)	98 a)
14 a)	31 a)	47 b)	65 b)	83 a)	99 a)
15 a)	32 a)	48 a)	66 a)	84 b)	100 b)
16 b)	33 b)	49 b)	67 a)	85 c)	
17 c)		50 b)	68 c)		
		51 c)	69 a)		

Bibliografische Information der Deutschen Nationalbibliothek
Die Deutsche Nationalbibliothek verzeichnet diese Publikation in der Deutschen Nationalbibliografie; detaillierte bibliografische Daten sind im Internet über http://dnb.ddb.de abrufbar.

3., aktualisierte und erweiterte Auflage

Redaktionelle Leitung Heike Krüger-Beer
Redaktion Claudia Fahlbusch
Autoren Anne Ising, Hans-Jörg Richter, Claudia Fahlbusch

Herstellung Annette Scheerer
Typografisches Konzept Horst Bachmann
Illustrator Peter Lohse, Büttelborn
Umschlaggestaltung Michael Acker

Satz Robert Turzer, Tübingen
Druck und Bindung Offizin Andersen Nexö Leipzig GmbH
Printed in Germany

F E D C B A

ISBN 978-3-411-70603-7

Stichwortfinder